AU
PAYS DES WOLOFFS

SOUVENIRS D'UN TRAITANT DU SÉNÉGAL

PAR

JOSEPH DU SORBIERS DE LA TOURRASSE

ALFRED MAME et FILS
éditeurs
TOURS

AU

PAYS DES WOLOFFS

———

3e SÉRIE IN-8o

Négresse échiqueuse.

AU

PAYS DES WOLOFFS

SOUVENIRS D'UN TRAITANT DU SÉNÉGAL

PAR

JOSEPH DU SORBIERS DE LA TOURRASSE

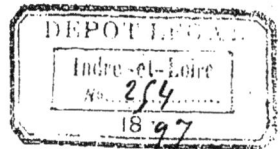

TOURS

ALFRED MAME ET FILS, ÉDITEURS

M DCCC XCVII

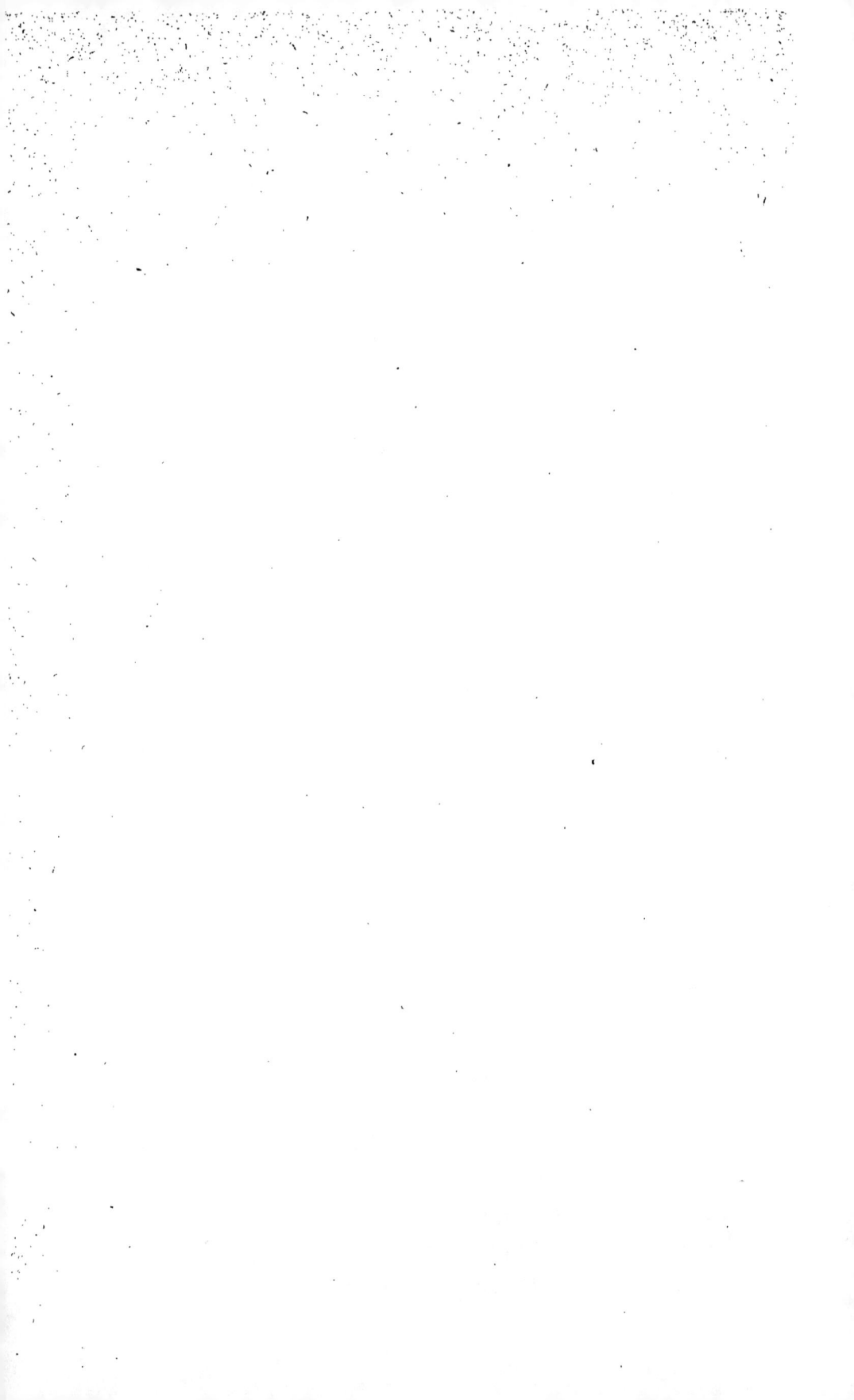

AU LECTEUR

Des hommes éminents ont écrit des pages très intéressantes sur le Sénégal et sur l'Afrique. De hardis pionniers s'élancent tous les jours vers les routes de l'inconnu et lèvent peu à peu les voiles sous lesquels demeurait, enveloppé depuis des siècles, le grand continent noir. Cependant aucun d'eux n'a songé à décrire la vie du commerçant et du traitant, chargé non plus de l'ancien trafic humain, mais d'échanges pacifiques avec les caravanes.

C'est lui qui joue là-bas le rôle de colon, qui n'existe pas encore au Sénégal. Son contact immédiat, continuel, avec les indigènes, dont seul il parle la langue, lui permet, plus qu'à un autre peut-être, de pénétrer les mœurs et les institutions de ces peuples primitifs.

Les différentes fonctions qu'il remplit tour à tour et les crises psychologiques qu'il traverse ne sont pas indignes, je crois, d'attirer l'attention de l'économiste et du philosophe.

J'ai donc essayé de combler une lacune en retraçant l'humble vie du commerçant et du traitant que j'ai jadis menée moi-même, et de raconter ce que j'ai vécu.

Écrits au hasard de la plume ou plutôt du crayon, à l'angle d'un comptoir, à l'abri d'une case ou d'un tamarinier, parfois à cheval ou à dos de chameau, ces souvenirs, déjà anciens, me rappellent l'existence la plus accidentée, la plus étrangement pittoresque, souvent aussi la plus dangereuse qu'il soit donné à un homme libre de rêver.

A vous tous, mes vaillants camarades, qui avez dépensé votre jeunesse ou déployez encore toute votre énergie dans cette terrible et lointaine lutte pour la vie, salut et fraternité !

AU

PAYS DES WOLOFFS

———⊳—✳—⊲———

PREMIÈRE PARTIE

En mer.

Vent arrière, toutes voiles dehors, la proue haute, dans un
long flot d'écume pulvérisée, crachant à pleins jets des colonnes
de fumée qui montent en spirales, s'épanouissent et se confondent avec la nue, le *Soudan* court, bondit, caracole comme
un jeune coursier. Le soleil descend peu à peu à l'horizon, ver-
sant des flots de pourpre sur la mer, qui se soulève aux premières brises du soir. Puis la nuit tombe tout à coup, sans
crépuscule, une de ces nuits sereines, parfumées, des tropiques,
où l'on sent de toutes parts des effluves mystérieux vous
envahir, tandis que les étoiles montent une à une dans une ciel
bleu de velours.

Et le *Soudan* poursuit sa route, frénétique, haletant, son fanal
hissé dans la mâture comme une cocarde de feu, semblable à
un météore qui fuit entre les constellations. Les voiles s'arron-
dissent, les mâts se courbent, la membrure craque, et il court
à en perdre haleine; il troue la vague trop haute, l'escalade
parfois, dégringole, s'affole dans l'immensité, se couche dans
le lit du vent.

La poussière saline vous fouette au visage, une humidité
saine vous pénètre; on a beau vouloir rentrer au salon, se
mettre à l'abri, la mer vous appelle. Il faut la contempler,

1*

muet, en adorateur, et se perdre devant elle dans une rêverie sans fin.

« Terre ! » crie la vigie.

Devant nous, au-dessus d'un rocher gigantesque formant un promontoire avancé vers la mer, se dresse une lueur au milieu de la nuit. C'est le phare de l'île Ténériffe. L'océan se brise avec des hurlements contre ses blocs immobiles de granit.

Nous doublons cette pointe extrême, et soudain les flots s'apaisent comme par enchantement. La mer devient « d'huile », et nous semblons maintenant naviguer sur un lac d'azur bordé de monts.

Nous longeons à toute vapeur la côte de Ténériffe, hérissée de roches noires et volcaniques qui tombent à pic jusqu'à la mer. De temps à autre, une ligne blanche dans la nuit rase les flancs abrupts des rochers .et nous dévoile un village juché audacieusement sur les hauteurs comme un nid d'aigles. A tribord, on distingue maintenant un nouveau trait de lumière sur les eaux : c'est l'île de grand Canaria ; d'autres lueurs flottent là-bas, parsemées. Vers neuf heures, on aperçoit quelques rares lumières qui scintillent dans le lointain : c'est Santa-Cruz de Ténériffe, le chef-lieu de l'archipel et la ville où réside le capitaine-général espagnol.

Nous marchons à toute vapeur, et la côte semble fuir rapidement. De tous côtés, sur les hauteurs, on découvre de nouveaux feux, et nous rentrons bientôt, ravis, dans une baie au fond de laquelle luit Santa-Cruz, cette perle de l'océan endormie que semblent amoureusement bercer les flots. Tout à coup un feu vert.

« Pilote ! » crie-t-on du haut du gaillard d'avant.

La machine stoppe un moment, afin de permettre au canot du pilote de nous aborder ; son embarcation glisse et nous accoste. On jette l'échelle de corde, et le nautonnier grimpe lestement.

« Bonsoir, » dit-il en soulevant son bonnet.

Il monte à la passerelle, et, sous son commandement, le navire s'avance à travers les bouées. Nous croisons une frégate.

« D'où venez-vous? nous crie une voix.

— France !

— Hourra! » répondent des marins accoudés aux bastingages pour nous voir passer.

C'est la frégate-école des aspirants *Iphigénie,* qui fait son tour du monde.

Stoppe ! Nous voici au mouillage, à quelques brasses seulement de la jetée. La chaîne de fer se déroule autour du treuil, l'ancre mord, et le navire s'arrête en frémissant.

« *Adios*, pilote. »

On lui donne dix-sept francs cinquante et une bouteille de vin, et il s'en va content en nous souhaitant une bonne nuit.

Dakar.

Un ciel d'un blanc d'acier, sur lequel se déploient par moments de légers nuages poussés par un vent d'est, presque humide le matin, d'une sécheresse de feu à midi; une large baie présentant les aspects les plus variés, depuis les hautes dunes de

Pic de Ténériffe.

sable blanc qui éblouissent et font songer au désert, jusqu'au fouillis de verdure où pousse pêle-mêle la végétation luxuriante des tropiques : le baobab, cet arbre géant, trapu, musclé, nerveux, dont les racines courent à terre à la hauteur d'un mètre, sur un sol durci, pelé, calciné; le cocotier, le palmier, le bananier, le fromager, et, au milieu de ce bouquet, des flamboyants ouvrant leurs parasols pourpres au soleil; plus loin, un pli de coteau verdoyant piqué de maisons blanches et coquettes; sur l'arrière, un fortin embroussaillé par des figues de Barbarie qui lui font une ceinture rouge; quatre jetées inégales qui semblent des mains tendues aux navigateurs; trois avisos de guerre à roues, peints en blanc, stationnant dans la rade qu'ils égayent parfois aux sifflets de leurs manœuvres et au tintement de leurs cloches piquant les heures; des chaloupes et des côtres passant au large, les uns complètement penchés sur la voilure qui rase l'eau, les autres poussant des bordées à droite

et à gauche ; une chaleur lourde, suffocante ; une mer unie
comme une glace, étincelante sous les rayons d'un soleil sans
merci tombant d'aplomb ; un calme indéfinissable, une nature
ensoleillée. C'est là Dakar, poste avancé de la côte d'Afrique et
de la terre enfiévrée du Sénégal.

Premières impressions.

Voici bientôt trois mois que je suis au Sénégal. J'ai voulu
attendre ce délai avant de fixer mes impressions trop confuses
au début pour être vraies. Je commence maintenant à démêler
les mœurs de ce pays au milieu duquel je me trouve, pays
étrange, ou du moins qui me semble tel, tant que je n'en aurai
pas saisi les rapports cachés et les éléments sociaux.

L'Européen est pris de vertige et d'éblouissement en mettant
le pied sur cette côte d'Afrique, qui lui pose sans préparation
les énigmes les plus diverses : énigme de sa nature à la fois
désolée et débordante de sève ; énigme de son continent mystérieux, en partie inexploré, en partie entrevu à la hâte et
dépeint avec fantaisie ; énigme de ses races, qui ont l'air de se
ressembler toutes et diffèrent radicalement entre elles ; énigmes
de toutes sortes qui surexcitent l'imagination et la remplissent
de chimères.

Telle l'Afrique nous apparaît dans l'histoire, gardant ses
secrets inviolés au fond de ses pyramides et sur le front des
sphinx, telle nous la retrouvons après des siècles révolus.

Cependant la science moderne a fait parler les hiéroglyphes,
et cherche dans la poussière des sarcophages à reconstituer des
civilisations endormies là depuis quatre mille ans.

Ici, le sable des déserts n'a pas gardé l'empreinte des mul-
tiples générations qui passèrent inconnues et sans histoire ;
mais on retrouve des peuples jeunes et enfants qui, tout en
ayant perdu le sens de leur très ancienne origine, ont conservé
la simplicité et très souvent la ressemblance de la vie primitive.

L'Afrique est-elle la terre de l'avenir ? L'antique malédiction
des fils de Cham sera-t-elle levée, et les peuples qui végètent
dans les solitudes équatoriales s'achemineront-ils un jour vers
la lumière du progrès ? C'est le secret de Dieu.

La tâche du pionnier, à notre époque, se borne encore à
étudier curieusement ce qui se passe autour de lui. Le philosophe doit contrôler ces faits et ces observations en remontant

des causes au principe. Il pourra suivre ainsi peu à peu à travers les âges l'histoire de ces fils prodigues de l'humanité, qu'elle retrouve enfin sur le déclin de sa carrière.

Aussi bien cette étude offrira-t-elle l'intérêt que le citadin déjà blasé éprouve en retrouvant un homme de son âge resté toujours à la campagne et demeuré jeune d'esprit, de cœur et de soucis.

Avant de m'initier aux mœurs sénégalaises, j'ai voulu bien me rendre compte de mes nouvelles occupations et examiner en quels lieux j'allais déployer mon activité.

Mes premières promenades m'ont amené sur le plateau de Dakar, où l'on découvre d'un côté les villages indigènes, et de l'autre l'océan. La ville est bâtie au fond d'une vaste rade qui, du cap Manuel à Rufisque, décrit presque une demi-circonférence.

A deux milles au large, Gorée dresse au-dessus des flots ses maisons blanches dominées par son vieux castel.

Dakar, il y a peu de temps encore, était la capitale de la presqu'île du Cap-Vert, dont les villages obéissaient à son éliman. La côte de la presqu'île est plus élevée que tout le littoral saharien. La baie d'Yof, qui la limite au nord, était fameuse jadis par ses naufrages. La côte va en s'élevant de l'est à l'ouest jusqu'à deux collines surnommées les *Mamelles ;* puis, au sud, elle tombe presque à pic. Les blocs qui la composent sont très riches en oxyde de fer.

Deux boulevards font le tour de la ville. Le premier forme une large route qui longe la mer et aboutit à la plage ; le second contourne Dakar depuis l'hôtel des *Messageries maritimes,* et finit dans les sables du village noir de N'Both. Une autre grande route part de la place du Gouvernement, traverse le village de Khoques et va jusqu'à l'Ambulance militaire.

Deux avisos de guerre, l'*Ardent* et le *Goéland,* gardent la rade, où stationnent parfois la frégate de l'amiral commandant l'Atlantique-Sud, et de nombreux navires de commerce.

Une jetée, établie sur pilotis de roniers, sert aux débarquements ; une autre plus grande, faite de blocs argilo-ferrugineux, coupe le courant parallèle régnant dans l'anse Bernard.

Une cinquantaine d'Européens, sans compter le personnel de l'administration de la marine, constitue la population blanche de Dakar ; mais les villages indigènes faisant partie intégrante de la ville sont très populeux.

La plus grande cordialité règne entre tous les blancs, qui

s'adonnent sans exception au commerce. Presque tous sont des représentants ou des agents des maisons de Bordeaux et de Marseille.

Il est très rare que les négociants résident eux-mêmes au Sénégal. Une maison de commerce se compose généralement d'un représentant et d'un agent principal, ayant parfois comme lui la procuration de la raison sociale. Après eux vient le chef de boutique, qui vend directement aux noirs des marchandises de toutes sortes. Un agent est chargé de la comptabilité, et un autre de l'extérieur, c'est-à-dire de la vente en gros, de l'armement et du débarquement des navires.

En dehors de ces agents, il y en a qu'on envoie dans l'intérieur des terres ou sur le cours du fleuve pour faire des échanges avec les caravanes. Ces derniers sont les plus au courant des affaires et de la langue du pays.

Il arrive très souvent aux Européens de passer par toutes ces diverses occupations; aussi le commerce du Sénégal offre-t-il une vaste carrière où une forte activité est toujours en éveil.

Les comptoirs de Saint-Louis, de Rufisque, de Dakar et de Gorée sont tous indépendants l'un de l'autre, bien qu'appartenant aux mêmes maisons et traitant directement avec la métropole. Chacun de ces comptoirs généraux a sous sa dépendance des magasins dans les villages indigènes, et des comptoirs de traite dans l'intérieur.

Le lendemain de mon débarquement, on m'a confié la direction d'une grande boutique où deux noirs, parlant le français, me servent d'interprètes et d'employés.

Nous sommes levés dès cinq heures du matin, et à six heures tout notre personnel est déjà au travail. Une dizaine de laptots est attachée à la maison. Ce nom de *laptot* désigne proprement des engagés dans la marine locale pour une année; mais, comme après ce délai la plupart prennent du service chez les Européens, on applique par corruption ce nom à tous les noirs, hommes de peine.

Ce personnel s'augmente parfois d'une centaine de Toucouleurs payés à la journée, lorsque nous avons à faire le chargement ou le déchargement d'un navire.

J'ai déjà passé par tous les apprentissages et les méprises d'un débutant au Sénégal. Il m'était impossible, le premier jour, de discerner les sexes sous les habits flottants des nègres.

Aujourd'hui je suis fort étonné d'avoir pu me tromper ainsi, et je distingue de très loin à quel peuple appartiennent les indigènes, bien que toutes les races de l'Afrique occidentale soient ici mélangées.

Le soir même de mon arrivée, j'ai eu les pieds criblés de chiques ou *foutentams*. Le *pulex penetrans*, ainsi le nomment les savants, est une bestiole minuscule qui s'introduit profondément dans votre chair, y forme une vaste cellule comme une cloche, et y dépose ses œufs.

Elles causent alors des démangeaisons insupportables. Les noirs sont très experts à les extirper. Ils se servent pour cela d'une grosse aiguille et fouillent dans votre chair jusqu'à ce qu'ils aient extrait et la bête et ses œufs. Un excellent moyen de se débarrasser des foutentams, et que j'ai employé, est celui de se frotter les pieds avec de l'essence de térébenthine.

Les chiques sont un inconvénient minime auprès des assauts que je dois livrer la nuit. Tout d'abord il faut faire la chasse aux lézards multicolores et aux innombrables fourmis qui envahissent ma couchette. Quand la place est nette, j'éteins mon photophore; mais aussitôt une fanfare de moustiques sonne la charge.

Cependant la fatigue finit par l'emporter. Je sens mes paupières lourdes, je commence à m'endormir d'un sommeil agité.

Tout à coup la sensation d'un corps gluant, visqueux, frôlant ma joue, me réveille en sursaut. Je me dresse en me tâtant et fais partir une allumette. A l'aspect de la lumière, d'horribles cancrelats s'enfuient et viennent se blottir sous mon coussin ou sous mon drap. Je les poursuis et je m'endors, si je peux; je parle woloff dans mes rêves, où m'apparaissent souvent des figures simiesques et grimaçantes.

Je suis réveillé au point du jour par les cris de toutes sortes d'une véritable ménagerie que nous avons établie, mes collègues et moi, devant nos portes. Des perruches jacassent, des singes se pendent aux piliers de la galerie. Un serpent boa cherche querelle à un trigonocéphale enfermé comme lui, et une petite panthère égratigne un chat-tigre qui miaule. Des bengalis, des oiseaux de toutes nuances, jaunes, verts, rouges, dorés, gazouillent leurs chansons matinales, et il faut se lever pour donner à manger à nos bêtes avant de reprendre le travail.

C'est le soir seulement que nous pouvons jouir de quelques heures d'accalmie. Nous prenons toujours nos repas en commun.

Nous voici réunis dans une pièce rectangulaire, bordée de chaque côté par une galerie à l'orientale. A l'un des bouts l'agent général prend place. C'est un homme de trente-six ans environ, jadis très blond, mais dont le hâle de la mer et le soleil africain ont bronzé l'épiderme. Il est depuis longtemps dans la colonie. Sa figure est singulièrement énergique; sa voix brève, tranchante et nette. Quand il apparaît le matin, il est vraiment comique de voir avec quelle terreur les laptots se mettent au travail. C'est lui qui voit tout, dirige tout, fait trembler tout.

Il parle peu, et c'est nous qui faisons les frais de la conversation. A sa droite est assis son alter ego. Il a le teint bilieux, la figure en lame de couteau, un grand nez d'aigle, des yeux perçants. Son geste est saccadé, et sa voix sèche devient seulement adoucie quand il s'adresse à son supérieur. C'est une nature courageuse, une âme hardie; mais il oublie peut-être un peu trop que tous sont venus au Sénégal pour faire fortune comme lui.

Plus loin, voici l'agent de l'extérieur et le comptable, vieux loup de mer qui a résidé dans toutes les colonies, ramassé des histoires et des refrains sur toutes les plages de l'univers. C'est lui le boute-en-train de la société, qui met parfois un sourire à toutes ces lèvres pâlies et anémiées.

Un flacon de quinine circule autour de la table. Tous les visages sont sérieux, crispés par la préoccupation des affaires et par la fièvre.

Après des accès intermittents de gaieté, le silence retombe; chacun se recueille ou se repose.

Une négresse qui porte un enfant sur son dos va et vient, se dandine, enlève et pose des assiettes. On se lève enfin de table, et, rendu à moi-même, je prends, en côtoyant la mer, le chemin qui conduit au village. . . . .

Hier j'étais allé, suivant mon habitude, rêver au-dessus du plateau de Dakar, derrière le village de Khoques, quand mon attention fut éveillée par des clameurs assourdissantes. Je me dirigeai aussitôt du côté d'où semblaient partir les bruits. Je me trouvai, après quelques minutes, au milieu d'une vaste enceinte clôturée par une tapade (haie de paille).

Juchées au-dessus d'une sorte de grenier de paille circulaire, une douzaine de femmes, le buste nu, les yeux enflammés, les cheveux dégouttants de sueur et de suif, brandissaient des pilons pour entasser dans le grenier le mil de leur provision annuelle.

Les derniers rayons du soleil, qui plongeaient dans l'océan, nimbèrent d'une grande lueur rose cette scène originale et pri-

Rade de Dakar.

mitive; puis peu à peu les femmes cessèrent de brandir leurs pilons. De longs voiles noirs envahirent l'horizon, et la nuit lentement descendit sur le monde.

Une matinée dans une boutique à Dakar.

Me voici installé dans une grande boutique sénégalaise, vrai bazar à la mode du pays.

« Entrez, entrez, blancs de la mer (*toubab i get*), et vous, noirs de toutes races; vous trouverez ici tout ce que peut désirer votre fantaisie. Voulez-vous des denrées, une paire de chaussures, un gilet de flanelle, du fil, du sucre, du tabac, une serrure, un pantalon, de la chaux, du coton, des tuiles, de la peinture? Entrez, vous serez servis sur-le-champ. »

Ma clientèle indigène n'est point encore arrivée, je l'aperçois là-bas, grouillante sur le marché; quelques rares négresses occupent en ce moment les deux noirs, mes employés. De ma table je vois tout ce qui se passe, et peux embrasser d'un coup d'œil mon magasin. Voici, à droite, de longs fusils à pierre qui pendent, accrochés à leur ratelier; derrière le comptoir s'alignent des paquets de coton (garé et filé), du tabac, des étoffes de mousseline, de damas, de calicot blanc et bleu, appelé *barra* au Sénégal, des pièces de cotonnades bleu ou guinée, des bouteilles de genièvre et autres alcools, des clous de girofles (*korompolé*), etc. Sur une corde au-dessus du comptoir s'étendent des pagnes et des mouchoirs multicolores; dans une vitrine à gauche brillent du corail, de la verroterie, des flacons de parfums et des boules d'ambre. Tout au fond s'ouvre la cour, encombrée de matériaux de construction. A la porte d'entrée sont suspendues des bouilloires (*satalas*), des scies et des pains de sucre. De chaque côté, deux mannequins, l'un blanc, l'autre noir, que je viens de recevoir de France par le dernier paquebot, excitent au plus haut point l'intérêt des nègres; une galerie extérieure couverte longe mon magasin et sert d'asile de nuit à des Toucouleurs.

Il n'y a plus personne dans ma boutique, et j'en profite, accoudé sur mon comptoir, pour contempler un moment le panorama qui se déroule à mes yeux. La mer est là devant moi calme et unie. Plusieurs navires de commerce, le *Turenne*, la *Rokelle*, le *Saint-Joseph*, sont accostés à l'appontement; un norvégien fait son entrée. Deux avisos de guerre se détachent immobiles sur les flots. C'est une heure de recueillement, de demi-fraîcheur, qui dure cinq minutes, qu'on voudrait retenir, et qui précède le déploiement de toute l'activité quotidienne. Au milieu de ce grand silence un coup de clairon retentit soudain, suivi à bord du *Goéland* d'un coup de cloche, auquel répondent aussitôt les autres navires. On entend vaguement du large la voix brève de l'officier de quart :

« Attention pour les couleurs, amenez ! »

Le canon tonne, et, comme par un coup de théâtre, les couleurs nationales de tous les navires flambent hissées au haut des mâts.

Mais voici que maintenant des cris venus du marché attirent mon attention : les négresses descendent des villages pour faire leurs provisions. Un nouveau spectacle s'offre alors à ma vue : de vieilles femmes sont là à quelques pas de ma porte, accroupies à terre, l'air hébété, le *sotio* (cure-dents) à la bouche. Elles ont étalé sur le sable des poissons, du lait, du beurre rance de N'Galom, des bananes, des racines de bakis, du vin et de l'huile de palme, du pain de singe, des arachides grillées et des noix de kola. Des Toucouleurs, n'ayant pour costume qu'une bande d'étoffe à la ceinture qui leur pend entre les jambes, sont étendus sur le dos, la face au soleil; d'autres, couchés à plat ventre, la tête relevée, suivent avec animation une sorte de jeu de dames et plantent sur le sable de petites fiches de bois; plus loin, d'ignobles bouchers indigènes accrochent à des supports de fer des morceaux de viande suspecte, puis se mettent à dépecer à terre à coups de hache d'énormes quartiers de bœufs.

Un peu plus loin des tailleurs déploient des pagnes (*malans*), des *mboubous*, des calottes brodées. En face, c'est un vrai déballage de bric-à-brac indigène : vieilles semelles, poignards à manche d'ébène, oiseaux empaillés, amulettes et sachets de cuir (*mbokos*), tresses de cheveux de morts, *ilers* (instruments de labour) et autre vieille ferraille.

Cependant les négresses qui ont fait leurs provisions au marché commencent à envahir mon magasin, avec un brouhaha indescriptible. Elles entrent pêle-mêle, criant, gesticulant, le sotio ou la pipe au bec, la calebasse sur la tête. Leurs *ralebis* (marmots) à cheval sur leur dos, retenus par un pagne noué sur les seins, sursautent en geignant. Toutes veulent être servies à la fois, et de la porte d'entrée s'écrient à tue-tête :

« *Dior ma malo, dior ma garé*, donne-moi du riz, donne-moi du coton, » etc. C'est un vacarme inouï, impossible à décrire. Une odeur âcre de chair humaine frottée de suif vous monte à la gorge. Il faut répondre à tout ce monde et servir plus de cinquante négresses qui hurlent, se démènent et cherchent à la faveur du tapage à dérober tout ce qui leur tombe sous la main. Les négrillons font chorus dans cet horrible charivari. Les femmes cherchent à les apaiser par de tendres petites taloches sous le pagne et des mouvements de hanches comiques. Tout en procédant avec le calme qui les caractérise, elles vaquent à leurs achats. Elles ont l'habitude de s'accroupir sur mon comptoir, où elles déposent toutes leurs calebasses, étalent leurs poissons, leurs fioles, leur viande hachée menue qui attire autour de nous une multitude de mouches. Elles emploient mille ruses pour chercher à tromper. Quand elles veulent, par exemple, acheter vingt-cinq ou cinquante kilos de riz, jamais elles ne demandent d'un trait cette quantité. Elles se font servir livre par livre, interrompent sans payer le cours de leur achat, laissent la place à d'autres, recommencent à se faire servir, suspendent de nouveau la livraison, et ainsi de suite, jusqu'à ce qu'elles aient embrouillé le noir qui est chargé de leur service. Encore faut-il que le plateau de la balance retombe violemment et que je leur fasse donner à chaque pesée le surplus ou *bounia;* sans quoi elles me débitent une litanie d'injures woloves, dont le cynisme m'empêche de faire la traduction. Elles font toujours leur cuisine à l'huile d'arachide. Dans la repoussante fiole qui doit la contenir, elles ont une marque spéciale pour leur provision journalière, et malheur à celui qui tenterait de leur donner pour le même prix moins d'huile que la veille. Des discussions continuelles s'élèvent entre elles et mes noirs, que j'ai peine à surveiller. Je reste là calme et impassible, ne perdant pas de vue tout ce qui se passe, une baguette à la main pour écarter des doigts luisants qui cherchent à me voler.

Le moment de payer venu, elles dénouent un coin de leur pagne dans lequel est la menue monnaie dont elles ont exactement besoin pour leur marché. Elles en tirent un à un des sous pleins de vert-de-gris, choisissent les plus vieux et les plus sales, les jettent enfin sur le comptoir et finissent par s'en aller. Mais voici bien une autre affaire; une des négresses qui se retire aperçoit tout à coup les deux mannequins à la porte, et s'arrête interdite devant le mannequin noir. En voyant cet inconnu immobile et souriant, irréprochablement correct, elle lui fait une petite révérence, en pliant les deux genoux.

« *Dhiam nga am, son ma toubab*, bonjour, mon blanc. »

Elle croyait ainsi flatter ce beau noir en lui donnant l'appellation louangeuse de blanc.

« *Mbar sa garam dhiam?* comment va ton corps? » continue-t-elle.

Pas de réponse. Le mannequin reste impassible. Elle allait continuer ses salutations d'usage, étonnée de cette fierté et un peu effrayée aussi, quand un coup de vent fit remuer et gémir le mannequin. Alors une peur épouvantable la saisit; elle s'élance au milieu des autres négresses, s'entortille dans leurs pagnes et roule à terre en entraînant avec elle trois ou quatre femmes, dont elle chavire les calebasses. Le riz, la viande, le poisson, les verroteries se mettent à nager dans une grande mare d'huile, au milieu d'un concert de malédictions. Enfin on commence à respirer. Les négresses s'en vont, et voici le tour des hommes. Des Toucouleurs entrent, regardent de tous côtés avec un air suprême d'insolence, sans intention évidente d'acheter.

« *Lo bonguen ?* que veux-tu ?

— *Dara*, rien.

— *Doral*, va-t-en. »

Le Toucouleur, sans broncher, s'accoude sur le comptoir :

« *Toubab, lon mo diar sa ndimo?* blanc, combien vends-tu ta guinée?

— *Niar i durom*, dix francs.

— *Masset*, fais voir. »

Le Toucouleur prend une pièce de guinée [1], la palpe et, au lieu de prendre la pièce n'en demande que trois mètres; puis il recompte lui-même par *rasab* (coudée), pour voir si on ne l'a pas trompé sur la mesure.

« *Dogal !* coupe! » dit-il alors au noir qui le sert, et, avant que les ciseaux aient fait leur office, il tire sur l'étoffe afin de gagner quelques centimètres.

Jamais les Woloffs ni les autres noirs n'achètent une marchandise sans l'avoir bien examinée et l'avoir trouvée irréprochable. Ils connaissent très bien les marques de fabrique des étoffes, des liqueurs, de tout ce qui se vend couramment, et se méfient de toute nouveauté. Quand des pêcheurs lebous

---

[1] Pièce d'étoffe.

veulent faire un achat important de cordages, ils discutent longtemps à l'avance, se concertent entre eux, arrivent dans ma boutique par véritables députations, passent de longues heures à débattre leur prix, flattent, supplient, s'en vont, reviennent et finissent enfin par traiter, après avoir obtenu un rabais de cinquante centimes.

Je passe un moment dans la cour extérieure avec des noirs dits armateurs, parce qu'ils ont un petit côtre de pêche. Ici c'est un tumulte plus considérable que celui de tout à l'heure dans ma boutique.

Des cris s'élèvent de toutes parts. Des Toucouleurs, dans un déshabillé presque complet, rangent de hautes piles de madriers de sapin et de pitch-pin ; d'autres transportent des briques, des carreaux, des tuiles. Ceux-ci charrient des sacs de riz, de mil ou d'arachides ; des pêcheurs accroupis examinent d'un œil entendu des boîtes de peinture et des cordages goudronnés.

Cependant le soleil est parvenu tout au haut de l'horizon. Peu à peu ma boutique se vide tout à fait ; un grand silence règne sur la mer et la nature endormie. En ce moment, les bateaux en rade piquent midi. Je fais fermer les portes, et, la tête pleine encore d'un bourdonnement confus, je vais rejoindre mes camarades qui m'attendent pour déjeuner.

Un voyage à Gorée.

Sur son rocher, fière et solitaire, ayant de loin l'aspect d'une ville féodale avec son vieux castel dominant la mer, qui se brise avec fureur sur les blocs de granit qui en font la ceinture, se dresse, coquette et blanche, la petite ville de Gorée.

Il est trois heures après-midi ; le soleil resplendit tout en haut de l'horizon et fait scintiller l'écume des vagues en reflets d'argent.

Embarque !... Et, déployant son petit foc et sa grande voile, le léger côtre va s'élancer.

Le capitaine du bateau a treize ans. Il porte une vieille loque qui lui fait le tour des reins et lui pend entre les jambes, en guise de pantalon ; il a posé crânement sur son oreille un vieux képi d'infanterie de marine crasseux et sans visière. Sa main gauche tient la barre, sa droite file l'écoute, tandis que son œil fixe interroge l'espace.

Sous la banquette qui nous sert de siège, le cuisinier, un gamin de dix ans, allume du feu dans un fond de barrique et se met à marmitonner sérieusement la cuisine du bord. Il prend ensuite un morceau de bois et remue le riz qui bout dans un pot de fer.

L'équipage se compose de trois autres gamins, qui se tiennent à l'avant sur le gaillard. A tribord, le haut du bastingage est au niveau de l'eau, et c'est ainsi que presque entièrement renversé d'un côté, semblable à un goéland qui déploie ses ailes pour s'élancer et fendre l'espace, le côtre bondit au-dessus des vagues, s'enfonce, disparaît, revient à la cime des flots et court sous le vent qui l'enlève.

« Pare à virer ! » commande le jeune capitaine, et nous doublons l'appontement des Messageries maritimes.

Le petit foc se débat sous le vent qui tourne. Une impulsion nouvelle est donnée au gouvernail, tandis qu'un des intrépides petits marins vient amarrer l'écoute de l'autre bord. Cette fois nous filons droit sur Gorée, qui se détache nettement dans le lointain avec ses maisons blanches sur la mer bleue. Nous arrivons bientôt en face de la pointe de l'île, au bout de laquelle un fort circulaire présente sur sa terrasse une rangée de canons que la mousse verdit tous les jours. Alors le petit capitaine, avec une hardiesse ou pour mieux dire une témérité sans nom, met le cap sur les brisants ; puis, à deux mètres d'eux, lâche l'écoute, vire brusquement de bord et, avant que nous soyons revenus de notre frayeur, nous fait entrer dans la baie de Gorée en larguant toutes ses voiles. La rade est petite et inaccessible aux grands navires, qui sont obligés de faire au large leur déchargement.

Nous accostons le *warf* (ponton), encombré alentour de chaloupes et de canots. Il nous est impossible de nous ranger le long de l'escalier, et, pour comble de malheur, un épouvantable raz de marée nous empêche longtemps de débarquer. Il faut nous hisser à la force des poignets sur les cordages, saisir à la hâte des mains qui se tendent vers nous, et, après bien des efforts inutiles, sauter vers l'appontement, au risque de rouler à la mer et d'être broyé entre les chaloupes.

De tous côtés, en entrant dans la ville, nous apercevons des pavillons étrangers arborés par les divers consuls en l'honneur du dimanche. Nous laissons le port sur notre gauche et arrivons à la place du marché, au milieu de laquelle est bâtie la résidence du lieutenant-gouverneur du Sénégal. Une esplanade à laquelle on monte par un escalier de pierre, fait face à la résidence, et à travers de maigres palmiers on aperçoit sur son socle une statue de femme qui pleure. C'est un monument élevé à la mémoire des victimes de la fièvre jaune de 1878. La ville est peu mouvementée. Bien que Gorée soit le seul port franc de la colonie, le commerce y est presque nul depuis l'extension de Dakar. Les grandes maisons de commerce qui s'y étaient établies jadis en ont fait le lieu de dépôt de leurs comptoirs des Rivières du Sud.

C'est à peine si nous rencontrons dans les rues quelques rares *signares* (métisses) qui nous dévisagent. Des négresses circulent lentement et cèdent la place à une grosse mulâtresse qui s'avance avec dédain. La rue ne semble pas assez large pour la laisser passer. Une douzaine de petites filles la suivent, en portant sur leurs têtes des calebasses vides recouvertes de madras. Une mulâtresse partant en voyage aime à laisser supposer qu'elle a une foule d'objets à transporter. Personne ne se méprend d'ailleurs sur une vanité considérée comme le dernier mot du bon ton chez les dames du pays.

Les constructions qui datent de la prospérité de Gorée sont grandes et belles sur les quais. Il n'en est pas de même des maisons qui sont dans les rues avoisinantes. Dans leurs cours intérieures, étroites et privées d'air, grouille et pullule une population noire de la plus détestable saleté. Une grande rue assez large forme l'artère principale de la ville. Elle va en montant, traverse la place de l'église, puis une autre petite place, et se perd enfin dans un sentier qui grimpe jusqu'au sommet d'une colline où se dresse le castel.

Ce castel est l'ancienne forteresse de Gorée. Il sert aujourd'hui de caserne à quelques soldats d'artillerie de marine, et possède sous ses combles, au cœur même des rochers, de véritables oubliettes où l'on emprisonne les disciplinaires récalcitrants, et d'où ne sortent jamais les noirs que, pour cause politique, on a jetés dans ces humides cachots. Sur la gauche, au-dessous du castel, s'étend un lieu désert où poussent en abondance des plantes grasses et des figues de Barbarie. Ce coin isolé de l'île dominant la mer a été surnommé pittoresquement Cochonville, à cause des cochons sauvages qui y vagabondent en liberté. Voici une petite anecdote qui d'ailleurs confirmera son nom.

Cochonville était, il y a quelque temps, hanté par une bête qui effrayait toute la population de l'île. Tout le monde l'avait

vue, disait-on, à la ronde; mais chacun pour sa part se gardait
bien de l'affirmer. Le grand soleil d'Afrique échauffa les ima-
ginations, et la bête devint bientôt un monstre qui faisait
entendre des cris lugubres au milieu des horreurs de la nuit.
Ce fut pendant plusieurs semaines le thème favori de la petite
ville, à l'heure où la brise plus fraîche invite d'elle-même
à aller prendre l'apéritif. Cependant, comme personne n'avait
jamais rien vu, le sujet finit par devenir monotone, et l'on
n'en parla plus. La « bête du Castel » commençait à passer
à l'état de légende, quand un beau jour des noirs assurèrent
l'avoir aperçue, au milieu des ténèbres, sortir les yeux flamboyants du milieu des rochers qui bornent l'île au sud. Ils ne
surent d'ailleurs donner un nom à cet apocalyptique animal.
Était-ce un lion, un tigre, une panthère, une hyène ou peut-
être même un malheureux chacal? Personne n'en savait rien.
Après un conciliabule tenu entre deux absinthes, on résolut
d'en finir et de savoir au juste quelle était cette fameuse bête,
et de la poursuivre jusqu'à extermination.

Un soir donc, au clair de la lune, armés de sabres, de fusils
et de barres de fer en guise de lances, blancs et noirs s'élan-
cèrent à l'assaut dans la direction de Cochonville. On s'avançait
en bon ordre, les rangs serrés, prêts à tout événement. Les
vagues se brisaient avec fureur sur les rochers et troublaient
seulement le silence solennel de cette majestueuse nuit des
tropiques. Chacun, son arme à la main, se sentait envahi par
un trouble inconnu.

Soudain une rumeur étrange, assourdissante, quelque chose
comme des grognements irrités, se fit entendre au-dessus
du fracas des vagues, et avant que, glacée d'épouvante, la
troupe belliqueuse de chasseurs ait pu se remettre de son
effroi, une bande de cochons sauvages affolés, surprise dans
ses derniers retranchements, fit irruption sur l'armée en campagne contre la bête du castel.

A cette attaque inattendue, oublieux du devoir et de l'honneur,
chacun jette bas les armes, franchit les rochers au risque de
se rompre le cou, se précipite dans la ville et va se barricader
dans sa maison.

Depuis, la bête n'a plus reparu, et les chasseurs, profitant
de cette circonstance, affirment que, percée de balles, elle est
tombée du haut d'un rocher dans la mer et a disparu dans
les flots.

Dial-Diop, roi de Dakar.

J'étais l'autre jour dans ma boutique, quand le diaraf (chambellan) de Dial-Diop, roi de Dakar, est venu me saluer de la part de son maître. C'est toujours une visite intéressée que me fait Fatim Sar; car il ne me quitte jamais sans recevoir un petit cadeau, qu'il rapporte, d'ailleurs, assez consciencieusement à son roi. Le chambellan est vêtu d'un grand m'boubou blanc soutaché de bleu, qui lui tombe jusqu'aux jarrets, et porte sur sa poitrine de nombreux gris-gris. Après les saluts d'usage il m'apprend que Sa Majesté, mon vieil ami, aurait grand plaisir à me voir; puis, me regardant de ses petits yeux gris et clignotants, il semble m'indiquer qu'il attend quelque chose pour se retirer. Je comprends sa mimique et lui donne, pour son maître, cinq biscuits et deux bouteilles de limonade. Aussitôt la figure du diaraf s'épanouit dans un vaste rictus, qui dilate ses larges narines et dévoile sa dentition de crocodile. Il engloutit biscuits et bouteilles dans la poche du devant de son m'boubou et clame frénétiquement :

« *Yal na la yalla fey, oualay, souma badio.* Que Dieu te récompense, ô mon incomparable! »

Sa mission est dès lors terminée, et il se retire en toute hâte. A peine est-il dans la rue, qu'il commence à grignoter un biscuit, et je l'entends longtemps crier encore :

« *Barak Allah! Diorédiof! diorédiof.* Dieu soit loué! Merci! merci! »

Le lendemain, dimanche, j'ai été faire un tour de promenade au village, et j'ai résolu de me rendre à l'invitation de Dial-Diop. Pour ne pas inspirer à mes lecteurs une trop haute opinion de cette majesté africaine, je dirai tout d'abord que le titre de roi, dont se pare naïvement le brave serigne (grand marabout), ne lui a jamais appartenu. Avant que le territoire de Dakar devînt définitivement possession française il portait le nom d'éliman, c'est-à-dire de président de la république Voici, d'ailleurs, une petite digression qui établira les faits.

Dakar, en 1790, était le plus important village du N'Diander et payait redevance à Amady Ngoné della Koumba, damel ou roi de Cayor. Ce dernier, ayant besoin d'argent pour faire face aux frais d'une guerre, n'imagina rien de mieux que de vendre en esclavage tous les habitants de la presqu'île du Cap-Vert. C'était le droit des damels; mais il avait compté sans son représentant à Dakar, l'alkati Mour-Dial. Indigné du procédé de son maître, Mour-Dial, qui cherchait l'occasion de confisquer à son profit l'autorité du damel dans son pays, réunit les marabouts en palabres secrets, et fomenta une insurrection. Il n'eut pas de peine à trouver des partisans. Dakar se souleva, fortifia l'enceinte du village, résolu à vaincre ou à mourir. Amady fit marcher dix mille hommes contre les insurgés; mais il fut complètement battu. Dakar proclama son indépendance, se constitua en république et organisa un sénat qui, d'une voix unanime, déféra à Mour-Dial le titre d'éliman ou président à vie. C'est de ce dernier que descend Dial-Diop. Il n'a aujourd'hui qu'une autorité morale sur les noirs lebous, et vit, très retiré, du produit de quelques redevances et d'un grand troupeau de moutons.

Au rapport de son troupeau, Dial-Diop joint les ressources d'une petite et bien innocente spéculation. Son diaraf, Fatim Sar, ne manque jamais de descendre sur les quais chaque fois que le paquebot allant de France à la Plata fait escale à Dakar. Il se revêt alors de son plus beau m'boubou et vient proposer aux passagers qui débarquent de les mener chez le roi de Dakar, dont il est le premier ministre. Il attire toujours ainsi quelques badauds, qui ne sauraient se retirer sans laisser leur petite offrande. Dans le cas où telle pensée ne viendrait pas à leur esprit, Fatim Sar se charge de la leur rappeler par une mimique des plus originales et des plus accentuées.

L'éliman professe la religion de Mahomet, et par conséquent doit s'abstenir, selon les préceptes du Koran, de toute boisson alcoolisée. Il paraît cependant qu'autrefois Dial-Diop ne se gênait pas pour prendre, à huis clos, un petit verre de vin blanc ou de cognac. Il circule même sur son compte une jolie petite histoire qui mérite d'être racontée.

Du temps où Dial-Diop était jeune, il était dans les meilleurs termes avec la mission des Pères du Saint-Esprit, et chaque fois qu'il passait devant leur établissement il sentait le besoin de se rafraîchir. Quand on songe à cet endiablé soleil sénégalais qui vous rôtit la nuque, on trouve cela tout naturel. Malheureusement pour lui, rien n'était plus inconstitutionnel ni plus irréligieux. Il entrait donc gravement, escorté de son sénat, et demandait, pour satisfaire ses goûts esthétiques, à voir deux ou trois lithographies représentant quelque scène de piété. Tandis que les sénateurs se morfondaient dans une admiration de commande et poussaient d'expressifs *bissimilay Dhiame* [1]*!* l'éliman passait rapidement dans une chambre à côté, y vidait un verre de vin blanc tout préparé et revenait rejoindre son sénat, toujours pâmé dans la même admiration. Aujourd'hui Dial-Diop a tantôt quatre-vingts ans, et je crois, entre nous, qu'il s'est amendé.

Et maintenant que le personnage, ses antécédents et ceux

Case du roi de Dakar.

de son ancêtre, Mour-Dial, vous sont familiers, je suis heureux de vous avertir que nous approchons de son palais.

Nous voici sur le plateau de Dakar. La route battue, dénommée emphatiquement « boulevard de l'Impératrice », se termine dans une grande allée de sable où l'on enfonce jusqu'aux chevilles. A droite s'élève l'église de la Mission; à gauche, la coquette caserne des spahis; de chaque côté s'alignent les cases pointues des deux villages indigènes de N'Both et de N'Garaff.

[1] Expression d'admiration.

Entre ces deux villages, sur une grande place, s'étend une longue tapade (palissade de paille). Ce sont les limites de l'enclos royal. Entrons.

Une sorte de barrière en masque l'ouverture; je la tourne et pénètre dans une vaste cour sablée. Devant sept ou huit cases groupées sans symétrie, plusieurs femmes de Dial-Diop sont en train de piler du mil dans un mortier. Non loin de là, Fatim Sar et deux esclaves mangent dans la calebasse commune un restant de kouskous, en se léchant les doigts, tandis que des coqs et des poules picorent à leurs pieds.

J'aperçois Dial-Diop assis par terre, sur une peau de mouton, marmottant des prières musulmanes en égrenant très vite son chapelet. Il est coiffé d'un bonnet blanc surmonté d'un immense chapeau de paille terminé en pain de sucre, à l'extrémité duquel s'étend un pompon de lanières de cuir. Il porte un grand m'boubou sur lequel s'étend un martoumé ou porte-feuille plein de grisgris. Un large collier de cuir, des sachets, des petites cornes, des n'dombos (collier du bras) complètent son accoutrement. La figure parcheminée du vieux roi s'illumine en me voyant. Ses lèvres lippues, dont les rebords soutiennent la corde en cuir de son chapeau, s'entr'ouvrent et mettent à découvert sa mâchoire édentée. Sans se lever, il me tend sa main, que je presse; puis je porte la mienne à mon cœur et à mon front. Alors commencent entre nous les salutations woloves :

D. — Mbar ndhiam nga am?	Est-ce que tu as la paix?
R. — Dhiama dal.	La paix seule.
D. — Mbar sa yaram ndhiam?	Est-ce que ton corps a la paix?
R. — Dhiama dal.	La paix seule.
D. — Mbar sa Keur ndhiam?	Est-ce que ta maison a la paix?
R. — Dhiama dal.	La paix seule.
D. — Mbar sa diabar ndhiam?	Est-ce que ta femme a la paix?
R. — Dhiama dal.	La paix seule.
D. — Mbar dhiam dal nga am?	Est-ce que la paix seule tu as?
R. — Dhiama dal.	La paix seule.
Allah amdon lay.	Louange à Dieu.

J'abrège à dessein cette litanie, qui ne prend fin en réalité que lorsque j'ai demandé des nouvelles de toute la famille royale. Aussi souvent qu'un nom nouveau est prononcé, tels qu'Hibrahim, Fatimata, Soullyman, Malik, Kodou, Koumba, je suis obligé de recommencer l'interrogation, à laquelle on me répond invariablement : *Dhiamadal.*

Je ne saurais m'affranchir de ces formules de politesses sans passer pour un *badolo*, c'est-à-dire un paysan.

Les malades eux-mêmes sont tenus, comme les autres, à répondre le sacramentel *Dhiamadal*. Il leur est permis toutefois de faire une réponse évasive, telle que celle-ci :

« *Garam na Yalla*. Je remercie Dieu. »

Ou encore :

« *Dhiamadal, vouandé sou thiou Yallah dolé vouon, ma dhial*. J'ai la paix ; mais, si Dieu y ajoutait, j'accepterais. »

Les salutations terminées, Dial-Diop me fait signe de m'asseoir auprès de lui ; j'accepte sans façon, et je m'étends sur le sable, les jambes croisées selon la mode du pays. Nous engageons alors le dialogue suivant :

DIAL-DIOP. — « C'est bien toi, mon blanc, qui m'as envoyé par Fatim Sar trois biscuits et deux bouteilles de limonade.

MOI. — Parfaitement.

DIAL-DIOP. — Toi seul es mon bon blanc ; et tu réjouirais bien le cœur de ton vieux père, en m'en envoyant chercher une autre à la boutique de Ganna Guey, qui est là tout près, derrière ma tapade. »

Fatim Sar s'est rapproché à ces mots et me regarde de travers avec ironie.

« Tiens, Fatim, dis-je en lui tendant une pièce blanche, cours vite la chercher. »

Dial-Diop m'accable de remerciements, et nous continuons à causer. Il m'apprend, non sans un dépit visible, que Demba Fall veut se faire passer pour le véritable roi de Dakar. Cette concurrence lui cause beaucoup de préjudice auprès des étrangers, car il paraît que Demba Fall envoie, lui aussi, son chambellan au débarquement des paquebots.

Tandis que Fatim Sar est parti chercher chez Ganna Guey la bouteille de limonade, une des nombreuses femmes de Dial-Diop, une toute jeune esclave, m'apporte dans une calebasse du yimbil, sorte de boisson rafraîchissante faite avec de la farine de mil délayée dans du miel et de l'eau. J'y trempe le bout des lèvres par courtoisie, puis me déclare suffisamment abreuvé.

Je suis ainsi resté longtemps à causer avec le vieux Dial-Diop, qui est d'ailleurs le plus savant marabout de toute la presqu'île du Cap-Vert. C'est de lui que je tiens une foule de détails curieux sur les mœurs et l'organisation sociale de cette partie de la côte d'Afrique.

Le jour déclinait. J'ai pris congé du roi, à qui j'ai promis de revenir à la prochaine occasion, et me suis retiré, tandis que le bon serigne (marabout) appelait sur ma personne toutes les bénédictions d'Allah.

La Tabaski.

J'ai assisté hier à la fête de la Tabaski, célébrée comme le Kori avec de grandes réjouissances par les disciples du prophète. Cette fête rappelle beaucoup la Pâque antique des Juifs. Chaque famille immole ce jour-là un agneau et reçoit autour de la calebasse commune tous les étrangers qui veulent venir s'y asseoir. Aucun de nos laptots n'a voulu travailler, et je suis parti au village pour distraire mon ennui.

De tous côtés je vois défiler par groupes, vêtus de leurs plus beaux m'boubous flottants, les marabouts joyeux qui vont au grand salam de dix heures, à la mosquée. Ils me connaissent tous et s'arrêtent pour me faire leurs salutations, sans oublier la phrase sacramentelle :

« *Vouay! souma toubab, may ma souma fête.* Je t'en prie, mon blanc, donne-moi ma fête. »

Un noir, en effet, ne saurait accoster un Européen sans lui demander son obole.

Tout le long du parcours, les négresses, qui reconnaissent en moi leur *borour boutique* (leur chef de boutique), me saluent de leurs plus gracieux sourires. Pas une d'elles qui ne soit coupable de quelque méfait à mon égard; mais c'est le jour de l'oubli et du pardon.

Caressantes et câlines, quelques-unes me font la révérence en pliant les deux genoux et viennent à l'envi réclamer aussi leur fête. J'entre familièrement dans les enclos, je pénètre dans les cases, et partout on m'invite à prendre part au banquet de la Tabaski. Je suis même obligé d'accepter un gigot de mouton qu'une négresse me met sous le bras.

J'ai payé royalement ce gigot, et, muni de ce gage d'amitié, j'ai repris le chemin de Dakar, de peur d'être accablé d'autres présents du même genre.

Le lendemain de la Tabaski est le jour de fête des enfants. Ils quittent ce jour-là le *gemba* (petite ceinture serrant seule le vêtement) pour revêtir le m'boubou des hommes, et se coiffent de casquettes agrémentées d'une plume noire et d'un petit miroir au milieu de la visière.

Rien de plus curieux que de voir ces gamins se promener ainsi, en bandes, dans les rues du village, se donnant des airs comiques d'importance, marchant à pas comptés et frappant en chœur le sable avec leurs mouquets.

Mais déjà la fête de la Tabaski est passée. Dakar reprend sa physionomie habituelle. Les pêcheurs repartent au large avec leurs pirogues, les vieux devisent étendus sur le sable en fumant des pipes, tandis que les négresses broyent de nouveau le mil dans leurs mortiers.

Jour de Pâques.

Malgré l'extrême insouciance des Européens pour la religion, la marine, fidèle à ses principes, a rendu ses devoirs.

Depuis le vendredi saint, le canon de la frégate qui commande la rade est tiré toutes les heures. Les avisos de guerre ont mis leurs vergues en croix. Ce matin, à huit heures, au moment où ils arboraient à leurs mâts nos trois couleurs nationales, de formidables détonations parties de tous les navires ont annoncé à la colonie sénégalaise la solennité du jour de Pâques.

Sur la route de Ouackam.

L'hivernage est venu, terrible époque, pendant laquelle la mort va éclaircir les rangs parmi nous. Cette saison qui succède à la saison sèche est la plus chaude de l'année. Elle commence en juin et finit en décembre. Son nom lui vient des pluies, d'ailleurs peu fréquentes, qu'amènent les tornades. Les tornades sont de vrais cyclones qui dévastent tout, mais que nous attendons avec impatience. Elles ont, en effet, l'avantage de rafraîchir pendant quelques heures l'atmosphère surchauffée. Du 8 septembre de l'an passé à ce mois de juillet, il n'est pas encore tombé une goutte de pluie. Il faut avoir vécu au Sénégal pour se rendre compte de cette soif de voir de l'eau qui nous dévore, de cette frénésie avec laquelle on aspire à une détente de tous les nerfs surexcités.

La tornade a éclaté il y a six jours. La terre altérée a bu avidement la pluie, mais elle est aujourd'hui aussi sèche qu'auparavant. Cependant alentour la campagne se transforme. Aussi loin que les regards peuvent s'étendre, on n'aperçoit plus que des herbes folles là où l'on ne voyait, il y a quelques jours, qu'un immense horizon dénudé. Les baobabs abritent maintenant sous leurs ramures une puissante végétation. Une immense vie souterraine circule dans les entrailles et à la surface du sol. C'est un cri puissant qui monte vers le ciel dans des millions de bruits imperceptibles. L'œil étonné ne reconnaît plus le morose et blanc pays du sable. En une semaine, la végétation a grandi dans des proportions colossales. La terre d'Afrique se dresse triomphalement dans un splendide manteau de verdure, comme pour jeter un défi à son ciel embrasé, semblable à un couvercle de plomb chauffé à blanc.

Cet après-midi, malgré les menaces du temps, j'ai chaussé mes bottes, pris mon bâton de voyageur, et suis, selon mon habitude, parti à la découverte. Mes camarades m'appellent en plaisantant l'explorateur, et je suis fier, au fond, de ce titre que j'ai toujours ambitionné en secret sans avoir jamais eu, hélas! l'occasion de le mériter.

Mon exploration d'aujourd'hui ne sera pas lointaine, car c'est seulement à Ouackam que j'ai résolu de parvenir. Ouackam est un petit village à neuf kilomètres de Dakar. La plupart des Européens qui font même un séjour à la côte n'ont jamais la curiosité d'aller voir ce ramassis de cases perdues dans les broussailles.

Je suis parti, heureux de me sentir libre et de pouvoir observer à loisir autour de moi. Je traverse très vite les villages noirs de N'Garaff et de N'Both, échangeant des *dhiam nga am* (bonjour) par-ci par-là; puis, après avoir franchi le dépotoir indigène, fouillis de choses sans nom, je m'enfonce brusquement dans de très hautes dunes de sable. Je reste assez longtemps à m'orienter à travers ces étranges collines blanches et mouvantes qui donnent de loin à Dakar une si singulière physionomie. Je parviens, après beaucoup d'efforts, à gravir la hauteur de ces dunes, et me voici enfin dans la campagne.

Après quelques minutes de marche, je dépasse le talus gazonné élevé jadis par l'alkati Mour-Dial, quand il entraîna dans sa révolte contre le damel du Kayor la nouvelle république de

Dakar. Un petit sentier court dans les herbes que la saison des pluies a fait pousser sur ce plateau généralement désert. Je longe la mer pendant une demi-heure, et suis obligé de traverser de nombreux troupeaux de bœufs disséminés. Mais tandis que je hâte le pas, j'aperçois à ma droite, dans un creux du plateau, un fouillis de verdure que je n'avais jamais encore soupçonné. Je me rapproche étonné, j'arrive, et je me trouve dans une admirable petite oasis, bordée de toutes parts par des palmiers et des cocotiers. Au milieu, dissimulé par une luxuriante végétation, dort un *marigot* (marais), qui miroite sous les feux du soleil. Ce petit lac immobile, encadré de verdure, au milieu de la désolation des dunes qui le surplombent là-bas, fait un contraste exquis et un tableau charmant. Il me semble qu'il est ignoré de tout le monde et que je suis le premier à le découvrir. J'avance en tremblant d'y rencontrer quelque vestige humain. Mais non, rien ne bouge. Des aigrettes seules volent silencieusement au-dessus du marigot.

Un petit sentier fleuri s'engage entre deux buissons, sur lesquels des oiseaux d'or et de pourpre chantent à plein gosier. J'y pénètre avec ravissement, quand un bruit confus de voix vient frapper mes oreilles. Surpris, déconcerté, je m'avance toujours, et je découvre... une vingtaine de négresses en train de laver du linge sale, dans un costume des plus primitifs.

Les unes étendent du linge mouillé sur des palmiers nains, d'autres le plongent dans l'eau; celles-ci repassent celui qui est sec en le frappant avec deux baguettes de buis. Quelques-unes s'enfuient à mon approche, d'autres m'entourent en me réclamant un *kopor* (sou). J'ai beau vouloir chercher dans mes souvenirs des comparaisons homériques, évoquer le souvenir de Nausicaa et de ses compagnes sur la côte des Phéaciens, je ne puis arriver à reconstituer mon illusion. D'ailleurs, le lac lui-même ne tarde pas à perdre sa poésie; son eau croupie, encombrée de nénuphars, exale des miasmes pestilentiels. Je n'ai plus qu'un désir, celui de m'éloigner le plus promptement possible de ce foyer de fièvres où je comptais passer un moment de délicieuse rêverie. Il y a dans la vie des désenchantements qui ressemblent beaucoup à celui de ce marigot.

Je continue mon chemin vers Ouackam et reprends le sentier qui domine la mer. La côte se dentelle et laisse voir entre ses déchirures de petites criques inaccessibles bordées de rochers nus. Mais, tandis que je marche, je croise un Européen d'une quarantaine d'années, qui mène par la bride un petit âne qui fait sonner son grelot. Il porte le costume marron de la compagnie de discipline campée non loin d'ici. Je connais cet homme depuis longtemps, car il vient tous les matins à Dakar avec son âne pour y chercher des provisions.

Les disciplinaires sont les galériens de l'armée et de la marine. Ceux qu'on envoie au Sénégal sont des récidivistes qui ont subi plusieurs condamnations. Ce sont de pauvres êtres chez qui tout sens moral a disparu et qui sont abêtis par la maladie et par les vices. Ils sont parqués ici, entre Ouackam et Dakar, dans de petites maisons blanches qu'on appelle le Camp des disciplinaires. Rien chez eux qui rappelle encore le soldat. Ils sont complètement désarmés, sans barbe ni moustache, employés seulement aux travaux les plus meurtriers, tels que : construction de route, remblais, nettoyage de plages infectées. Ils participent pourtant quelquefois aux expéditions de colonnes ; et dans ce cas, pour ne pas qu'ils deviennent un danger plutôt qu'un secours, on les fait marcher à l'ennemi la baïonnette dans les reins. Ils ne sortent que deux à deux, escortés d'un caporal armé d'un revolver, et qui a le droit de faire feu au premier refus d'obéissance. Les peines disciplinaires durent au moins cinq ans, mais la plupart meurent des fièvres ou se font condamner de nouveau avant d'avoir purgé leur condamnation.

Le disciplinaire que je croise compte pour sa part vingt ans de séjour au Sénégal, d'où il ne sortira jamais. Il est le seul qu'on laisse aller ainsi en liberté. Son capitaine l'estime à cause des services qu'il lui rend. C'est lui qui fait l'office de tailleur, de menuisier, de forgeron et de cordonnier de la compagnie. Il y a huit ans, paraît-il, il fut sur le point d'être libéré. Notre homme était au désespoir.

« Que devenir en France à mon âge? se disait-il, il faut trouver un expédient pour me faire condamner de nouveau. »

Deux jours après, sans raison ni colère, il creva avec son bâton l'œil du caporal qui marchait derrière lui. A la suite de ce fait sauvage, il a été condamné à perpétuité à la discipline ; et, désormais libre de soucis d'avenir, il a repris avec entrain ses divers services et a depuis reconquis l'estime et la confiance de ses chefs.

« Bonjour, Monsieur, me dit-il ; allez-vous à notre camp ?

— Non, lui dis-je, je vais plus loin, je fais une excursion jusqu'à Ouackam.

Village Ouoloff.

— Allons! bon voyage, » murmure-t-il et, au petit pas de son âne, il continue sa route vers Dakar.

Je poursuis mon chemin en laissant le camp à ma droite. Après une heure de marche je me trouve au milieu de blocs de pierre embarrassés de broussailles sous lesquelles disparaît le sentier. Me voilà très perplexe, n'ayant pour me guider que les deux coteaux appelés « Mamelles », au bas desquelles je sais qu'est le village de Ouackam. Je m'enfonce dans une forêts de baobabs peuplés de singes, et j'ai peine à me diriger au milieu de leurs inextricables racines, qui forment des dômes de un mètre au-dessus du sol et abritent sous leurs arcs une folle végétation. Je n'aperçois plus les « Mamelles », et j'hésite un instant à pénétrer plus avant; puis je me décide de nouveau et continue à marcher lentement sous les ramures, au haut desquelles de petits singes grimpent effrayés; sur les branches les plus élevées on entend jacasser des perruches et chanter des colibris. Du bout de mon bâton je frappe et tâte les broussailles, afin de mettre en fuite les serpents qui s'y abritent; car c'est ici le repaire favori du boa et du redoutable trigonocéphale. Enfin, après vingt minutes d'un pénible trajet, la forêt s'éclaircit et l'on découvre les Mamelles. Sur l'une d'elles se dresse un phare. J'arrive au bas du coteau et veux en faire l'ascension; mais le sentier qui semble y conduire est tellement encombré de ronces impraticables, que force m'est de renoncer à mon désir. En grimpant du moins jusqu'à mi-côte, j'aperçois un vaste panorama. Devant moi surgissent des flots les îles incultes et désertes de la Madeleine, et plus loin Gorée. A mes pieds, les débris des rochers qui s'émiettent s'avancent très loin dans la mer, et les vagues qui montent font des sauts de mouton sur ces récifs, dont on n'aperçoit que la pointe couverte de lichens; tout au fond, dans une petite crique semée de roches noires, j'entends le flot plus âpre se déchirer sur les galets. Du côté de la terre le spectacle est plus restreint. La forêt masque la vue de la plaine, et sur sa gauche on aperçoit quelques cases éparpillées. C'est Ouackam. On se croirait ici bien loin de toute civilisation. L'intérieur des terres n'offre pas un aspect aussi sauvage, aussi isolé du reste du monde que ce petit amas de huttes, et il faut regarder encore la mer pour bien s'assurer qu'on n'a que neuf kilomètres à refaire pour rentrer à Dakar.

Après un moment de repos et de contemplation je suis descendu à Ouackam. Jamais village nègre ne m'a paru aussi

triste ni aussi abandonné. Quelques *ralebis* (marmots) se sont
enfuis en me voyant, et j'ai longé plusieurs *tapades* (palis-
sades) de paille sans rencontrer âme qui vive. Je mourais de
soif, et j'ai dû chercher longtemps avant de trouver quelqu'un
qui voulût bien me donner de l'eau. Une vieille négresse m'a
offert pourtant, à ma demande, et dans une calebasse, une
eau saumâtre si nauséabonde, que je n'ai pu l'avaler. Je lui ai
donné six *kopors* (sous) et me suis éloigné en toute hâte pour
arriver avant la nuit. Le soleil commence à décliner, je
retraverse la forêt en pressant le pas, et, au lieu de suivre
le bord de la mer, j'oblique à gauche, me dirigeant du côté
sud des dunes pour regagner Dakar par le dépôt du chemin
de fer.

La brise de mer s'est levée, légère, rafraîchissante, et je
vais sans prêter aux choses d'alentour la même attention
qu'auparavant. Des bœufs étonnés détournent leur tête pen-
sive en me voyant passer vite au milieu d'eux. Le petit lac
encadré de verdure ne me tente plus, cette fois; je le longe
sans lui accorder même un regard, j'avance toujours et parviens enfin aux dunes.

J'allais m'y engager résolument, quand je vis s'avancer à
quelques pas de moi trois Européens, dont deux disciplinaires qui retournaient au camp de Ouackam. Ils dévalaient
tous trois sous la nuit qui tombait sans crépuscule, le caporal
derrière, son revolver au poing, l'œil mauvais, son front
bas et sinistre penché sans idée vers le sable, dans lequel on
enfonçait jusqu'aux genoux. Eux marchent devant, le teint
blême, les jambes flasques, la bouche tout empestée encore
de ces odeurs fétides de goémon pourri dont ils venaient de
nettoyer la plage de Dakar.

Ils allaient droit devant eux, grimaçants de haine, murmu-
rant entre leurs dents serrées de rage des insultes et des
imprécations contre ces maisonnettes, là-bas, ce camp des
disciplinaires dont les toitures de tuile rouge rayaient les
hautes dunes de sable blanc.

Ils avaient soif! Depuis le matin, courbés, à genoux dans la
fange, ils avaient dû couler, sous les feux embrasés d'un soleil
sans merci, une journée encore; journée maudite, coupée seulement, pendant le sommeil du caporal garde-chiourme, d'une
sieste en plein midi, étalés sur le ventre, vautrés dans la
pourriture immonde des varechs. L'un d'eux, le numéro 18,
exclama un blasphème, et son œil fauve et bestial scruta l'ho-

rizon pour y chercher une goutte d'eau. Non loin de là brillait une petite mare corrompue.

« J'ai la langue desséchée comme l'âme de Lucifer, dit le numéro 17. Camarade, offre-moi donc à boire la verte absinthe du disciplinaire. »

Le numéro 18 courut à la mare, emplit son casque et revint l'offrir à l'autre, qui se mit à boire goulûment. Ils s'étaient tous deux arrêtés, sans plus se soucier du caporal. Ce dernier se rapprocha.

« Avancez donc, » hurla-t-il.

Les deux disciplinaires restaient immobiles et buvant.

« Tiens, voilà pour toi, » cria enfin le numéro 18 en vidant devant le caporal, sur le sable, le reste d'eau contenu dans son casque.

Un éclair traversa les yeux de celui-ci. Il éleva son arme à la hauteur du visage du disciplinaire, qui ne broncha pas; puis, se ravisant, il fit partir le coup en l'air. Le numéro 18 poussa un nouveau blasphème, se mit ensuite à siffler, et tous trois s'enfoncèrent dans la dune et disparurent bientôt à l'horizon.

« L'Iphigénie. »

L'*Iphigénie*, le navire-école des aspirants de marine, a débarqué hier ses jeunes hommes. Sous le ciel clair ils allaient, la mine fière et martiale, commandant, eux, imberbes encore, à de vieux loups de mer qui scandaient le pas militaire d'involontaires mouvements de roulis. Ils étaient irréprochables, et on voyait bien vite que ces marins adolescents se faisaient une haute idée, sinon de leur importance actuelle, du moins de celle qu'ils devaient acquérir un jour. Et certes ils avaient raison. Ils étaient la pépinière de notre armée navale; ils avaient dans les veines du sang héroïque des grands voyageurs.

Un gros officier, le capitaine de débarquement, sanglé dans une redingote trop étroite, la face cramoisie, les guidait, sabre au poing, marchant à leur tête, essoufflé.

De loin il semblait ridicule, mais de près il avait quelque chose d'un conquérant. Il était plus alerte qu'il n'était gros; son pas sonnait ferme sur le sol durci, et son geste large et

énergique avait plutôt l'air de guider ces jeunes gens à la
bataille qu'à la parade.

Non, on n'avait plus envie de rire quand il passait près de
vous, sa belle tête rejetée en arrière dans l'attitude du commandement; et les aspirants marchaient, eux aussi, dignement, tandis que les noirs étonnés regardaient avec admiration ce défilé de jeunes braves.

C'était un spectacle réconfortant que de les voir fouler cette
terre du Sénégal où ils devaient plus tard accomplir une campagne. Pour le moment ils souriaient à l'avenir, confiants,
heureux de visiter le monde, de jeter un regard à la dérobée
sur ce continent africain mystérieux. Ils allaient... Le bonheur
de voir et le souci de la dignité professionnelle donnait à l'expression de leur physionomie une singulière animation...

Elle est partie l'*Iphigénie*, traçant derrière elle un sillon
lumineux. Elle a fait voile en plein midi, sous les feux du
soleil sénégalais. Le vent l'a emportée vers d'autres rivages, où
elle débarquera de nouveau ses aspirants, sabre au clair,
montrant à la face du monde l'orgueil des races jeunes et la
fierté du sang gaulois. Restez droits et fermes, ô aspirants de
l'*Iphigénie*. Ne craignez pas surtout le sourire du passant, car
il est fait d'attendrissement et d'admiration.

Vous reviendrez d'ailleurs un jour ou l'autre sur ces côtes
inhospitalières, vous y laisserez de vos forces et de vos illusions; mais pour le moment, au balancement des vagues qui
vous bercent encore dans vos hamacs de matelots, courez le
monde et les aventures, rêvez de gloire et de batailles, et rap-
portez, aux jeunes filles que vous nommez déjà vos fiancées
au fond de votre cœur, quelques-uns de ces bibelots étranges
que vous avez achetés très cher au Sénégal, mais auxquels
votre imagination rattachera toujours un souvenir plein de
lumière et de soleil.

Un inventaire à Tivavouane.

Je suis parti ce matin de Dakar pour aller faire, à Tivavouane, l'inventaire de notre traitant Biram N'Doye. J'ai fait
un voyage charmant à travers le Cayor, voyage qui a duré une
demi-journée à peine, grâce au nouveau chemin de fer.

« Les voyageurs, en voiture ! »

Le train se met en marche, et nous filons à toute vapeur le
long des dunes de Dakar. Au sable succède bientôt la brousse.
Voici le marigot de Ham et son oasis de verdure, puis la première station de la ligne, Tiaroye, surnommé par nous « les
Mellons ». Des champs de gros et petit mil détalent devant
nous. Le territoire du N'Diander est franchi, et nous entrons
dans le Cayor; mais, au lieu de suivre la côte occidentale et la
ligne des Niayes (forêts de palmiers), nous obliquons sur notre
droite en faisant une courbe sur Rufisque. La ville apparaît au
loin, puis se cache dans un détour; la « cité jeune et fière [1] »
rit au soleil avec ses maisons à terrasses et ses rues sablon-
neuses que sillonnent en tous sens des vagonnets.

« Rufisque! Rufisque! dix minutes d'arrêt. »

Tous les représentants et agents de la jeune cité sont là,
attendant sur le quai comme un événement le passage du train.
Des poignées de main s'échangent de tous côtés, car au Sénégal tout le monde se connaît; on m'entraîne à la buvette, on
m'interroge. Que de choses à se dire en si peu de temps! Des
wagons aux barrières les noirs s'interpellent; d'autres envahissent les voitures au milieu d'une cohue générale, tandis que
des négresses chargées d'énormes calebasses et de longues
patates escaladent les marchepieds en se bousculant.

En route! le train siffle. Un tumulte indescriptible se produit; cinq ou six négresses culbutent sur la voie. Les derniers
dhiam ak dhiam (adieux) se perdent dans le vent. On s'éloigne
de la mer, et l'on pénètre dans les terres. Les villages de Bargny
et d'Abd-el-Kader montrent encore à l'horizon les toits pointus
de leurs cases. Le soleil embrase la terre d'Afrique de tous ses
feux, et la chaleur devient suffocante. Le Cayor pittoresque
déroule à l'infini ses louguons d'arachides et de mil. Des
bandes de singes s'enfuient apeurées, d'autres s'arrêtent et
nous font des grimaces. Voici Pout et son blockhaus; le train
ne fait que s'arrêter et repartir, et s'engage le long de hautes
collines embroussaillées. Sur les frontières du Cayor et du Baol
s'ouvre un large ravin, fréquenté jadis par les éléphants et
renommé dans le pays sous le nom de « ravin des Voleurs ».
C'est là que des Sérères s'embusquent parfois pour détrousser
des caravanes. Au-dessus des hautes herbes, des noirs apparaissent, le bras appuyé sur un long fusil, et nous regardent
passer d'un air mauvais. Le train file vite devant le ravin,

---

[1] Surnom donné à Rufisque.

débouche dans une plaine, poursuit toujours sa route, et l'on distingue bientôt un village sur le bord de la voie. Des baraques de traitants montrent gaiement leurs tuiles rouges au-dessus des cases. Des caravanes de chameaux, de bœufs à bosses et d'ânes gris surgissent des fourrés, et nous nous arrêtons à Thiès, un des marchés de traite les plus actifs du Sénégal.

Mais déjà le train repart, s'enfonce de nouveau dans la solitude, jusqu'à ce qu'enfin Tivavouane montre à son tour ses baraques au milieu de la brousse. De tous les marchés du Cayor, Tivavouane est celui qui a le plus important trafic.

Mon arrivée inattendue a surpris mon traitant. Il a fermé, sur mon ordre, sa boutique, et, sans prendre le temps de me reposer, nous avons procédé à l'inventaire.

Biram N'Doye commence son déballage en jetant sur moi un regard défiant. Il entasse sur le comptoir des étoffes de toutes sortes : guinées, liménéas, barra, etc. Je les mesure, et il les vérifie après moi.

Il surveille mes chiffres, me suit à la bascule où nous entassons les choses de poids, revient sur mes pas, décroche des pains de sucre, où il ne reste plus rien qu'un nid de fourmis entouré de papier jaune, jette encore les yeux sur mon carnet et s'assure que je ne le trompe point.

Tout le bric-à-brac des marchandises de traite passe peu à peu devant mes yeux, et vers le soir seulement nous finissons l'inventaire.

« C'est bien tout ce que tu as ? dis-je alors à Biram.

— Non, fait-il d'un air mystérieux, il y a encore les garanties. »

Et, me prenant par la main, il me conduit sur l'arrière de sa baraque, dans un taudis où grouillent une douzaine de nègres et de négresses, fumant à qui mieux mieux. Il extrait d'un paquet de guenilles une cassette et me reconduit en silence à la boutique. Tirant ensuite une clef luisante de sa poche, il la fait grincer dans la serrure et se met en devoir de vider le contenu.

Il y a là des colliers de cuivre, des bracelets d'argent et d'or faux, des gris-gris enfermés dans des cornes, des sachets de cuir contenant des poils, des boules d'ambre, le tout étiqueté avec des morceaux de papier crasseux, sur lesquels Biram a tracé des caractères arabes. Une odeur indéfinissable s'exhale de tous ces objets, que je touche avec dégoût. J'inscris, d'après Biram, la valeur éminemment fictive qu'il leur attribue.

Les gris-gris surtout ne m'inspirent aucune confiance, et,
j'ai une discussion avec Biram, très convaincu de leur valeur.

Mon traitant m'énumère ensuite les crédits faits par lui aux
caravanes, et qui rentreront, me dit-il, à la traite prochaine.
En somme, en comptant les « rossignols » invendables qui

Une rue de Rufisque.

figurent à chaque nouvel inventaire, les pains de sucre vides,
les marchandises avariées, les garanties imaginaires et les crédits douteux, on peut affirmer que la totalité des chiffres ne
représente pas la moitié de la valeur réelle de ce que j'ai inscrit
sur mon carnet.

J'ai quitté le lendemain Tivavouane pour procéder dans
Thiès à une opération semblable; puis, après trois journées
passées ainsi à faire d'invraisemblables inventaires, j'ai repris
plus allègrement le chemin de Rufisque et de Dakar.

Au sémaphore.

Mon ami V***, directeur du lazaret, m'a fait prier de venir dîner chez lui ce soir. Je suis parti vers quatre heures, une fois débarrassé de mes affaires. Le lazaret est situé à l'extrémité de la presqu'île du Cap-Vert. Il faut gravir le plateau de Dakar, traverser dans toute sa longueur le village de Khoques, suivre la route de l'Ambulance, puis s'enfoncer dans un sentier qui court en serpentant à travers des plis de terrain jusqu'au lazaret.

Me voici bientôt au milieu du village, qui vaque à ses occupations quotidiennes. Sous une sorte de hangard recouvert de paille, des noirs s'amusent au « yoté ». Tous les vieux marabouts se sont réunis là dès le matin, et, étendus à demi à l'abri du soleil, ils devisent des questions courantes en aspirant de longues bouffées de pipes. Ils ont interrompu un moment leurs causeries vers le milieu du jour, à l'heure où les femmes leur ont apporté le kouskous ; puis, sous l'influence d'une heureuse digestion, ils ont fait de longs sommes pour occuper leur temps. Autour d'eux de petits noirs s'ébattent sur le sable, quelques esclaves préparent avec des lianes enlacées la toiture rustique d'une case.

Par l'ouverture des tapades, j'aperçois de grandes cours où, le torse nu, les négresses pilent en cadence le mil dans leurs mortiers. Elles s'excitent à l'envi, brandissent leur lourd pilon d'un poignet vigoureux, le lancent en l'air, frappent deux ou trois fois des mains dans l'intervalle, le rattrapent en chantant et recommencent de nouveau.

A l'entrée d'une case, un forgeron bijoutier travaille un bracelet d'argent destiné à la femme d'un marabout. Aux pieds de l'artisan, un petit Maure accroupi active le feu avec un soufflet composé de deux peaux de bouc. Le forgeron, penché sur son enclume, cisèle le bracelet sous les yeux du propriétaire, qui le surveille sans mot dire en égrenant son chapelet.

Un peu plus loin, un *toub'raba*, c'est-à-dire un griot converti devenu tisserand, fait manœuvrer son métier. Il a planté en terre quatre pieux encadrés par deux montants de bois. Une traverse supporte vers le milieu une poulie sur laquelle s'enroule une courroie qui fait jouer les trois peignes. Le tisserand, abrité par une natte suspendue au-dessus de sa tête, les pieds enfoncés dans un trou, lève et abaisse alternativement avec l'un d'eux une baguette rattachée aux peignes. Il fait courir la navette le long de sa trame, tandis qu'un de ses noirs va couvrir d'une pierre la bande d'étoffe qui se déroule sur une largeur de trente centimètres.

Après avoir causé avec les uns et les autres, distribué une poignée de sous aux négrillons qui venaient me demander leur fête, j'ai enfin gagné la campagne.

La mer, ce soir-là, était très belle, et je suivais la côte en rêvant. Elle se découpait en larges ravines s'inclinant en pente douce jusqu'aux rocs granitiques qui font une bordure grise à la terre africaine.

La vue fascinée par l'Océan, j'allais sans m'occuper du sentier qui grimpait, obliquait, se creusait, dévalait ensuite à travers des ondulations de prairies jadis verdoyantes, aujourd'hui pelées, ne gardant de leur verdure ancienne que des vestiges léprosés et jaunis. Le soleil descendait sur les vagues dans une splendeur d'apothéose. Rufisque émergeait dans le lointain très vague, et Gorée, suspendu à son rocher, donnait l'illusion d'une antique ville du moyen âge évoquée tout à coup.

L'une des îles de la Madeleine surgissait du sein des flots, semblable à la croupe d'un éléphant gigantesque dont la trompe eût plongé dans de l'écume.

Puis la mer se voila peu à peu, se confondit avec la nue, et je vis comme des îles flottantes qui se déplaçaient, poussées par un vent léger.

Des formes bizarres surnageaient, se fondaient l'une dans l'autre, et mes yeux avaient peine à suivre leurs continuelles transformations.

Cependant, du fond de l'horizon, lentement montait la nuit; les bruits de la terre se faisaient plus indistincts. Je me hâtai de gagner le lazaret, me sentant saisi d'un frisson d'humidité qui filtrait à travers la moelle de mes os.

Un grand calme tombait des voûtes sereines du ciel apaisé.

Des oiseaux chantaient par intervalles, montaient la gamme de leur trille ému, s'arrêtaient, tandis que les voiles de la nuit s'étendaient plus épaissis.

Je ne tardai pas à arriver dans une grande allée qui aboutit au lazaret. Je trouvai mon ami qui m'attendait sur le pas de sa porte. Son habitation se compose de deux corps de bâtiment qui se font vis-à-vis. On pénètre ensuite dans une vaste cour, au-dessous de laquelle s'étend une citerne. Le directeur voulut me montrer son jardin potager, son étable et le local sanitaire, qu'il avait cherché à améliorer. Je trouvai son jardin et son étable parfaitement tenus, mais le sanatorium lui-même était dans le plus déplorable des états. Des baraques de bois délabrées, vermoulues, remplies de vermine, avec de simples planches pour lit, constituent le logement provisoire attribué à ceux que le service médical a mis en quarantaine. Une petite cour bordée de hautes murailles et encombrée d'herbes folles est le seul endroit où les relégués de l'hygiène peuvent se promener.

Une odeur de fièvre jaune flotte sur ces misérables masures, et après une visite sommaire je me déclarai satisfait.

V*** m'entraîna à son habitation, qu'il a d'ailleurs fort gentiment aménagée, et m'offrit la plus cordiale hospitalité.

Après un gai repas, je manifestai le désir d'aller jusqu'au sémaphore qui se dresse à quelques centaines de mètres au delà du lazaret.

« Volontiers, me dit mon ami ; le gardien est un charmant homme qui vous offrira même, si vous le voulez, de passer la nuit dans sa tour. »

Depuis longtemps je rêvais de passer une nuit dans un sémaphore, et cette proposition ne pouvait que m'être agréable.

Nous partîmes donc tous deux, guidés par le falot d'un noir qui nous précédait. Nous gagnâmes le sémaphore par un chemin rempli de pierres, de ronces et de broussailles. L'océan autour de nous hurlait en se brisant contre des rochers noirs. Le gardien nous reçut aimablement. C'était un homme d'une quarantaine d'années, à la barbe hirsute, aux yeux creux, d'une maigreur presque invraisemblable. Nous le trouvâmes occupé avec son fils, jeune homme d'une quinzaine d'années, à empailler des oiseaux tirés dans la journée. Une petite cour très étroite donnait accès à leurs chambres, salles basses et enfumées, d'où se dégageait une odeur d'huile.

Il nous raconta une foule de détails sur son existence avec la loquacité d'un homme peu habitué à converser avec ses semblables. Cependant, comme son service l'obligeait à regagner le haut de sa tour, il se disposait à nous quitter, quand je lui demandai la permission de passer la nuit dans le sémaphore. Il accepta avec plaisir. Nous prîmes congé de mon ami, et nous montâmes tous les deux.

Nous grimpâmes au premier étage par une sorte d'échelle,

et je me trouvai dans une salle encombrée de bidons. Dans le
fond, une embrasure en forme de hublot donnait vue sur
l'océan; les feux du sémaphore faisaient une longue traînée de
lumière au milieu des profondeurs de la nuit.

Je montai jusqu'à la lanterne, et, m'étant assis auprès du
garde, je regardai devant moi, cherchant à remplir mon regard
de l'immensité, à boire à longs traits l'infini. C'était autour de
nous l'aspect des premiers temps du chaos, la lutte géante des
éléments entre eux. La lune, qui montait au-dessus de nos têtes,
argentait la cime des vagues et épandait sur les flots sombres et
hurlants des blancheurs douces et molles.

Des goélands et des mouettes rayaient parfois l'espace de leur
vol audacieux, et disparaissaient en plongeant dans le vide immense.

Le garde, après avoir veillé à ce que rien ne fût oublié dans
son service, m'engagea à venir me reposer. Je le priai de me
laisser encore, et il descendit au premier étage.

Je restai seul; les flots grondaient toujours, le vent soufflait
maintenant en rafale. J'oubliai peu à peu ce qui se passait : la
terre n'exista plus pour moi ; les étoiles se voilèrent, et l'absolu
couvrit le monde. Rien ne me rappela plus les hommes ni les
choses. Il me sembla que Dieu et moi nous étions seuls penchés
sur l'abîme, et j'éprouvai une âpre volupté à sonder ses profondeurs. O divagations humaines, conceptions orgueilleuses
de cerveaux infimes, qu'êtes-vous par rapport aux grandeurs
de la nature !

Je me sentais écrasé, et pourtant plus grand et plus libre,
car mon esprit se dégageait des scories de la nature et devenait plus translucide. J'eusse voulu que cette nuit fût éternelle.

O mon Dieu ! quel insensé oserait vous blasphémer en face
de vos œuvres sublimes? O saint et trois fois saint, je vous
bénis, vous qui savez faire parler les vagues et leur prêtez un
langage plus saisissant que celui des philosophes !

Je restai longtemps abîmé dans la contemplation, la rêverie
et la prière : autant de mots synonymes dans certaines circonstances.

Un oiseau de nuit vint frôler la lanterne du sémaphore. Je
m'éveillai. Les projections lumineuses s'atténuaient; des lueurs
blanches, encore indécises, teintèrent peu à peu le fond encore
sombre de l'orient, et lentement, avec des nuances roses, les
premiers rayons du jour se dévoilèrent et firent pâlir l'éclat
tremblotant des étoiles qui s'effaçaient.

Le paquebot.

Le mât de pavillon vient d'arborer son signal. Le cœur me bat, et je sonde l'espace. Tout à coup une grande ombre s'étend sur la mer, et derrière les Messageries une forme noire s'avance lentement, semblable à un fantôme, se dessine, apparaît enfin; et dans une longue traînée d'écume, au beuglement de sa sirène, la ville flottante s'arrête en mugissant.

Je contemple le paquebot au milieu de ses majestueuses évolutions avec une vénération émue. Le paquebot sur les plages de l'exil, n'est-ce pas la France qui vient vous visiter? C'est lui qui renferme dans ses flancs solides un peu de l'air respiré au pays natal, et sous un modeste pli de papier les tendresses émues des chers absents.

Nous comptons ici les jours et les heures, jusqu'au moment où le paquebot apportant nos lettres est signalé; lettres chéries dont on palpe l'enveloppe avec attendrissement, qu'on ouvre avec précaution de peur d'en déchirer une ligne, qu'on dévore des yeux d'abord à la hâte pour voir si elles ne vous annoncent pas de mauvaises nouvelles, qu'on relit ensuite plusieurs fois en en savourant chaque expression, où l'on cherche à déchiffrer souvent un mot effacé par une larme!

Le paquebot s'arrête, et déjà autour de lui se pressent des bateaux de toutes sortes : côtres, canots, chaloupes, pirogues et chalands.

Les piroguiers de Dakar présentent un tableau des plus pittoresques. Debout et tout nus sur leurs légères embarcations, ils sollicitent l'aumône des passagers; puis ils plongent tous ensemble, pêle-mêle, sans crainte des requins, et, quelquefois après une bataille entre deux eaux, reviennent infailliblement à la surface avec l'objet lancé entre les dents.

Après une escale de six heures, le paquebot reprend sa route à travers l'océan vers le Brésil et la Plata.

Je le regarde s'éloigner, j'en admire les proportions, il ne dit plus rien à mon cœur : il m'est devenu indifférent. Ce que j'attendais de lui, il me l'a donné, et, tandis qu'il disparaît à l'horizon dans un panache de fumée, il ne reste plus rien de lui dans ma mémoire que le souvenir des douces larmes qu'il m'a fait verser.

Jour d'hivernage.

C'était une effrayante journée d'hivernage, sans un souffle d'air dans l'atmosphère, avec de grands silences sous un ciel d'une lourdeur de plomb. Aucun bruit ne montait de la terre ; les voix de la mer étaient muettes, et les hommes affaissés semblaient saisis d'une langueur indéfinissable, en harmonie avec les éléments.

Je sortis pour secouer ce malaise, poussé aussi par un besoin d'activité fiévreuse qui faisait vibrer mes nerfs et brûlait mes os.

La rade devant moi ouvrait sa baie immense, où l'ombre des navires faisait de grandes plaques sombres sur les eaux endormies.

Les quais étaient vides, et du fond des côtres accostés on entendait monter des psalmodies étranges, mêlées parfois à des sons d'accordéons.

Les avisos de guerre piquèrent tour à tour midi, et le tintement des cloches de bord produisit un effet singulier, comme si c'était là le signal du réveil au milieu de la torpeur magique où les êtres et les choses étaient ensevelis.

Mais rien ne bougea. L'implacable soleil flambait toujours au zénith. Je marchais au hasard, enjambant des groupes immobiles de Toucouleurs, qui dormaient étendus tout de leur long, presque nus, la bouche ouverte, la face tournée vers l'astre éclatant, comme s'ils eussent défié ses rayons d'avoir une prise sur leur peau de bronze et leurs muscles d'acier.

Des caméléons, de grands lézards jaunes, rouges, verts, dorés, dormaient eux aussi sur le sol, au milieu des hommes ; et quelques pas plus loin, des négresses, accroupies auprès de noix de kola et de paquets de karité, sommeillaient la tête entre les jambes, ressemblant ainsi à des momies.

Cependant peu à peu des formes se dressèrent, des voix confuses commencèrent à bourdonner, et du haut de la route du fort une longue théorie de fillettes s'avança avec de gracieux déhanchements.

Elles étaient à peu près une centaine, dont la plus âgée avait à peine dix ans. Elles s'étaient louées le matin pour transporter chez un blanc des tuiles débarquées la veille d'un bateau, et elles se hâtaient de venir reprendre leur travail.

De leur crâne rasé pendaient çà et là de petites tresses de cheveux beurrées de suif et terminées par une perle bleue. Sur leur buste gracile et fauve, entièrement nu, se détachait un collier de corail ou quelques jetons de cuivre; un pagne multicolore leur descendait de la hanche aux genoux. Elles allaient ainsi, rieuses et mutines, caquetant à l'envi, tandis qu'un laptot, l'air féroce, la voix enrouée, le geste menaçant, un bâton à la main, faisait presser le pas aux plus tardives.

Elles s'arrêtèrent au bout du warf, se laissèrent charger chacune sur la tête une dizaine de tuiles plates, se reformèrent en procession et remontèrent le chemin.

Elles marchaient l'une derrière l'autre. Tout à coup la première s'arrêta, fit entendre un claquement de mains auquel répondirent toutes les autres fillettes, et immédiatement elles entonnèrent ensemble une mélopée.

Leurs voix, d'abord trop aiguës, finirent par s'accorder, et ce fut bientôt un rythme saisissant, d'un cachet à la fois charmant et sauvage, admirablement scandé d'ailleurs par la mesure des claquements.

Le chant de ces fillettes courageuses sembla faire honte à tous ces hommes endormis. Tous s'éveillèrent à la fois; les quais reprirent leur animation, les navires en débarquement vomirent de leurs flancs de nouvelles marchandises, les côtres poussèrent des bordées, et la nature pour un moment secoua sa léthargie :

Ligney ti keur toubab tanga na.

« Le travail chez le blanc est chaud (pénible)! » chantaient les fillettes.

Elles gravirent ainsi la route blanche qui longe le bord de la mer, disparurent derrière les baobabs; mais longtemps encore on entendit monter joyeusement dans l'air embrasé leurs voix enfantines, qui répétaient toujours en chœur :

Ligney ti keur toubab tanga na.

Je gravis le sentier qui grimpe sur le plateau de Dakar en passant devant le fort. Le spectacle est imposant en cet endroit, et, quand la mer mugit, c'est ma promenade favorite. Les flots viennent là se briser avec fracas sur les énormes blocs de pierres brunes d'oxyde de fer qui gardent la côte. Le fortin apparaît au-dessus, au milieu des broussailles et des figuiers de Barbarie, et là-bas, en face, Gorée se dresse sur son roc comme une sentinelle avancée sur l'océan.

Au-dessous du plateau, la côte se ravine en s'inclinant jusqu'à une petite crique surnommée l'anse Bernard. C'est le port d'attache des pêcheurs et des piroguiers. Le long de la gorge verdoyante, je descendis et je me trouvai bientôt sur la plage, encombrée de barques et de filets.

De petits noirs s'ébattaient dans les eaux, poussaient au loin des pointes hardies, sans se soucier des requins, dont le dos faisait parfois des remous au-dessus des vagues.

L'un d'entre eux sortit de l'eau en me voyant et courut à moi :

« *Vouay, souma toubab, may ma os.* Je t'en prie, mon blanc, donne-moi un hameçon.

— Je n'en ai pas sur moi, lui dis-je.

— Alors donne-moi ma fête, » reprit le gamin sans se troubler.

Je jetai un sou dans la mer. L'enfant se précipita aussitôt au milieu des vagues, plongea et ne tarda pas à revenir à la surface, le sou entre les dents.

« Blanc, se mirent alors à crier tous les autres, donne-nous aussi notre fête. »

Et pendant quelques minutes je m'amusai à leur faire faire ainsi des plongeons.

Des pêcheurs en ce moment poussaient à la mer leur légère embarcation. Je leur demandai d'y monter avec eux; ils acceptèrent, et nous partîmes.

Leur pirogue avait cinq mètres de long et se terminait en pointe à ses deux bouts. C'était un ancien tronc de benténnier, creusé à coups de hache et éprouvé au feu. Son petit bastingage était cousu avec de la paille et goudronné avec de la bouse de bœuf.

Un vieux sac vide fut hissé en guise de voile, et comme la brise insensible ne nous poussait pas assez vite, deux noirs se mirent à ramer avec leurs pagaies plates. Un troisième, à l'arrière, manœuvrait la sienne en gouvernail, et bientôt nous eûmes gagné le large.

Nous restâmes longtemps ainsi entre ciel et eau, eux occupés à jeter leurs *gifira* (petits filets), moi charmé de me laisser bercer au roulis de la mer et de mes pensées.

Après deux heures de promenade, ils me débarquèrent enfin

sur la plage opposée à leur port d'attache, auprès du jardin de Dakar.

La chaleur était devenue intolérable, et je pénétrai dans le jardin, heureux d'y pouvoir trouver un peu de fraîcheur et d'ombre après le grand éblouissement du soleil et de l'eau.

Toutes les plantes africaines poussent au hasard dans ce jardin abandonné. D'énormes pieds de tabac dressent leurs tiges à côté de cotonniers, de manguiers et de goyaviers.

Les troncs trapus des caïlcédras et des baobabs alternent avec les fûts élancés des palmiers et des cocotiers; plus loin, des flamboyants rouges font l'effet de parasols pourpres sur les massifs verts.

Je m'enfonçai dans une grande allée de bananiers, dont les rayons du soleil pouvaient à peine percer le feuillage; puis, couché au milieu de hautes herbes, je cherchai un moment de repos.

Je dormais déjà depuis quelques minutes, quand je sentis une main se poser sur mon épaule. C'était celle du jardinier.

« Blanc, me dit-il, lève-toi; il faut rentrer, car la tornade monte là-bas, du côté de Rufisque. »

Et, par l'éclaircie des arbres, il me montrait le ciel et les flots étincelants.

Je n'aperçus aucun signe manifeste de la tempête qu'il annonçait; mais je le suivis quand même machinalement jusqu'à sa maisonnette, qui dominait la mer et le ravin.

La nature opulente des tropiques dormait, noyée sous des flots de verdure et de soleil. L'océan ondulait à peine et glissait silencieusement ses vagues, dont l'écume se frangeait d'argent sur les bords; la brise du sud-ouest était tombée.

En contemplant cette immobilité sublime, on eût cru qu'un souffle de mort pesait à jamais sur cette luxuriante végétation. On respirait une atmosphère de feu, un malaise général alanguissait tous les membres. Des vents très faibles se dirigèrent lentement du nord dans la direction du nord-est.

Tout à coup à l'horizon un point noir se détacha entre le sud et le sud-est, puis se mit en mouvement du sud au nord.

Il grandit peu à peu, affectant en montant dans le ciel la forme d'un gigantesque champignon dont on eût aperçu les contours blancs en dessous. Des plaques sombres et grisâtres plombèrent les vagues. Celles-ci peu à peu tombèrent complètement à plat: c'étaient les signes avant-coureurs de la tornade. Sauve qui peut! Toutes les chaloupes gagnèrent le large

pour ne pas être brisées contre les quais, tandis que les grands
navires mouillaient toutes leurs ancres et doublaient leurs
amarres pour résister à l'ouragan.

Par un contraste saisissant, sous l'obscurité qui avait suc-
cédé à l'éclat du jour et qui tombait envahissante, un demi-
crépuscule reproduisait avec une netteté incroyable tous les
objets lointains, qui se détachaient sur un fond blanc lumineux.
A plus d'un kilomètre on pouvait distinguer le nombre des
câbles des vaisseaux et la forme des marins qui se débattaient
contre le vent pour plier les voiles dans les huniers.

Le point noir montait toujours, bientôt masse sombre, compacte, qui atteignit le zénith. Et voilà que la nue d'abord, puis
la mer, les sables, l'horizon, disparurent peu à peu dans les
profondeurs de la' nuit. Ce fut d'abord un ronflement sonore
qui devint peu à peu un rugissement. La tornade éclata. Un
vent impétueux, chassant devant lui les sables en tourbillons,
passa subitement à l'est, au nord-est, au nord, au nord-ouest
et au sud-est.

Cette même nature, quelques instants avant si calme et qui
semblait voluptueusement dormir d'un sommeil magique et
éternel, se réveilla soudain en prenant des airs de bataille.
Elle chercha à lutter. Vains efforts ! La tempête se déchaîna
avec des éclats de fureur sauvage ; la terre en fut ébranlée, les
arbres nerveux plièrent et se rompirent. Ce fut un tournoie-
ment fantastique de branches, de feuilles, de sable, que la tornade balaya dans le sillonnement des éclairs et le grondement
du tonnerre.

Au milieu de cette conflagration universelle des éléments,
tandis que les grands navires, ballottés par l'ouragan, ressem-
blaient dans le balancement de leurs vergues à des noyés qui
appellent au secours, j'aperçus au large ma pirogue, qui, surprise en pleine mer par la tempête, filait sous le vent avec sa
voile microscopique.

Elle disparut un moment sous une vague énorme, revint à la
surface, tournoya encore, et vint enfin s'abriter dans une
crique.

Le vent tomba tout à coup. La nature s'arrêta, comme étonnée ; toutes les cataractes du ciel s'ouvrirent à la fois, et un
déluge d'eau s'abattit sur la terre altérée.

Des cases du village s'élevèrent alors des cris de joie, et les
noirs de tout sexe se mirent à courir sous la pluie en entonnant
le chant du *Soyan*.

Quand la pluie eut cessé, je quittai la maisonnette qui m'avait servi d'abri en remerciant mon hôte.

La terre tremblait encore des éclats du tonnerre, les arbres tordus par la tempête laissaient pendre leurs branches éplorées, quand soudain la nue s'éclaircit, la nature haletante étala à l'infini ses nappes de verdure ruisselante d'eau, un rayon de soleil parut, empourpra les flamboyants, dora les cocotiers, les palmiers et les bananiers; puis, du sein des flots calmés de l'océan, un arc immense s'éleva.

Il ne donna d'abord que des reflets voilés; puis les bandes concentriques accusèrent fortement toutes les couleurs du prisme, et sous le porche colossal les oasis se firent toutes petites. Il semblait que ce fût l'entrée d'un paradis terrestre disparu, et je regardais muet d'admiration, pénétré d'un sentiment intime très intense, me croyant revenu à des temps préhistoriques, au berceau de l'humanité.

Tous les bruits s'atténuaient; les bengalis et les merles métalliques au-dessus des branches secouaient les gouttelettes, qui retombaient en perles d'or le long des feuilles mouillées. Tous les nerfs détendus, je m'abandonnai à la contemplation; il m'eût été impossible de penser: ma mémoire, affaiblie par les fièvres, ne me rappelait plus rien de mon être psychologique; j'étais une personnalité vide, livrée tout entière aux sensations présentes.

Longtemps j'aurais goûté les charmes de cette contemplation à demi inconsciente, quand près de moi j'entendis bruire les feuilles dans le sentier. Je me retournai, et j'aperçus une négresse dissimulée derrière un massif de palmiers nains.

Elle vint à moi; sa figure exprimait une sorte de stupéfaction craintive.

« *Lo bougeu?* que veux-tu? lui dis-je.

— *Setal*, regarde, » me dit-elle; et d'un geste apeuré elle me montrait l'arc-en-ciel, dont les teintes s'effaçaient.

Brusquement elle se retourna, et je vis un petit noir accroché à son pagne; elle le saisit, puis de la main fit un grand signe qui partait du front jusqu'à la poitrine, et d'une voix entrecoupée:

« *Ron on ndokh, lekatil ma !* Arc de la mer, dit-elle, ne me mange pas ! »

Et d'un pas précipité elle s'enfuit, tandis que l'arc-en-ciel n'offrait plus peu à peu que des lambeaux d'écharpe bariolée, jusqu'à ce qu'enfin le météore eut disparu.

Des cases du village s'élevèrent alors des cris de joie.

Je repris à pas lents le sentier du village, aspirant l'air plus frais qui venait de la terre humide. Sur les fonds encore sombres d'une partie du ciel, les feuilles des arbres se détachaient avec des nuances diverses de jaune tendre et de vert foncé ; plus loin, les maisons de Dakar, frappées par les rayons solaires, avaient des éclats de blancheur mate contrastant avec les tons roux du bois, et à tout instant ces effets de coloration se brouillaient, se voilaient, et de toutes parts, dans les taillis, aux creux des ravins touffus, on entendait chanter des oiseaux qu'on ne voyait pas.

A propos de « la Confiance ».

Le capitaine de la *Confiance* m'a retenu ce soir à son bord.

Nous avons passé ensemble de charmantes heures, nous attardant à parler de la mer et de son navire, dont il m'a fait l'éloge avec une légitime fierté.

J'ai toujours envié pour ma part le sort d'un capitaine au long cours, maître de son bateau, amoureux à la fois de la mer et de son navire. Lui seul peut-être ici-bas connaît l'indépendance.

La mer est la grande route du monde où l'on peut vivre, rêver et penser, en saluant parfois de loin des passants qu'on ne reverra jamais plus. La mer ! ce sont les horizons sans bornes que l'on poursuit toujours sans relâche, et qui toujours se confondent avec l'infini.

Le navire, c'est le cheval de course infatigable. Pour lui, les distances n'existent pas ; les barrières de l'océan sont tombées. Il est le génie des mers personnifié, vivant !

Depuis qu'il fut lancé pour la première fois, svelte, neuf, riant sous la peinture fraîche, tout pavoisé comme pour son baptême, il laboure les mers sans relâche, voguant sans cesse de la Norvège à Calcutta, du Japon à Valparaiso. Il ne faut pas qu'il s'arrête un instant. Le navire, c'est aussi l'humanité qui s'agite, sans savoir où doit finir sa course vagabonde.

Le cheval, après le travail, a l'écurie, le bœuf son étable ; mais le navire, une fois parti, n'a plus de lieu où se reposer. Il charge, il part, il décharge, il repart, et toujours ainsi jusqu'à la fin.

Il faut prendre ici du café, là du tabac, du sucre, des graines, des céréales. Le monde se remue, tourbillonne; il crie qu'il est pressé de vivre, de travailler et de mourir. Et le grand postier des mers est toujours là, prêt à arriver, à repartir. Il ne peut suffire à sa besogne. Il devient lourd, râle presque et montre ses flancs crevassés qui bâillent aux déchirures du doublage. Il est mis en cale sèche, radoubé, nettoyé. On gratte les millions de varechs et de coquillages qui se sont accrochés à lui à travers ses pérégrinations autour du monde. On le repeint à neuf, et il repart de nouveau plus souple, plus agile, plus coquet.

Le voyez-vous filant sous la brise, qui souffle de la hanche de bâbord?

La grande amure crie, mais c'est le soupir d'une verte vieillesse qui se sent encore agitée de la frénésie du large. On largue tout : les perroquets, les cacatois, les bonnettes, la brigantine, le clinfloc et la grande voile. Le navire reprend des airs de jeunesse, et brillant, superbe, majestueux, il bondit encore dans les immenses solitudes de l'océan, se redressant altier sous les paquets de mer qui balayent furieusement son vieux pont.

Son destin est écrit d'avance. Un jour, les flancs ouverts, les mâts fracassés, il disparaîtra dans la tempête et s'abîmera à pic sous les flots, en se crevant avec un bruit de tonnerre. Ou peut-être encore, après un long et dernier voyage, à bout de force, exténué, il sombrera de vieillesse à l'entrée du port, près de la côte, dans les sables ou sur un récif. Longtemps encore sa vieille carcasse mutilée, mais éloquente, élèvera sa proue au-dessus des vagues, comme pour dire aux jeunes navires : Passez au large! j'ai fini ici ma longue carrière, respectez ma solitude; la côte est mauvaise, et le port n'est pas loin. Sur le tronçon de mon mât de beaupré, les goélands et les mouettes ont besoin de rêver en paix!

Le départ pour Kelle.

Vers la fin de l'hivernage, notre agent général m'a fait appeler. Il m'a annoncé qu'il avait jeté les yeux sur moi pour fonder un nouveau comptoir de traite à Kelle, dans le Cayor.

J'ai accepté avec plaisir une mission que j'ambitionnai depuis longtemps.

C'est une preuve de confiance qui vient de m'être témoignée, et mon établissement dans l'intérieur des terres va me permettre d'étudier à fond la société wolove, avec laquelle je vais être en contact absolu. . . . .

Je suis installé depuis une vingtaine de jours dans mes nouvelles fonctions de traitant. Toutefois, avant de reprendre la suite de mes récits, je crois bon de donner à mes lecteurs une idée générale des noirs du Cayor, de son histoire, de ses mœurs et du genre de commerce auquel est resté de nos jours encore le surnom de « traite ».

DEUXIÈME PARTIE

AU CAYOR

Considérations générales sur la race noire et les Chamites.

I

Malgré l'infériorité manifeste des noirs vis-à-vis des blancs, une distance infranchissable les sépare du plus intelligent animal dans la hiérarchie des bêtes. Leur langage est fondé sur les lois immuables de la raison et de la logique, et, sans avoir la hauteur de nos conceptions, ils possèdent des idées générales sur toutes choses.

Dès qu'un nègre est mis en contact avec une civilisation supérieure à la sienne, il s'y conforme par instinct et ne tarde pas à gravir jusqu'aux degrés moyens de la connaissance. Certains d'entre eux sont même capables de parvenir à une haute culture intellectuelle.

On ne saurait mieux les comparer qu'à des enfants. Ils ont, comme ces derniers, les passions spontanées et irréfléchies. Tout les frappe sans les étonner, et ils remarquent les plus petits détails. Leur imagination, très rarement créatrice, est par contre très reproductive.

Leur mémoire est extraordinairement facile ; ils apprennent avec une étonnante rapidité les langues européennes, telles que le français, l'anglais et le portugais.

Le niveau de leur intelligence s'abaisse très souvent avec l'âge. Cette remarque s'applique particulièrement aux femmes, dont l'esprit est borné.

Leurs enfants sont relativement plus précoces peut-être que

les nôtres; mais vers l'âge de douze ans, au moment où chez eux les sens s'éveillent, ils dégénèrent tout d'un coup.

La douleur morale et les soucis leur sont inconnus. L'imprévoyance est un de leurs caractères distinctifs. Ils vivent au jour le jour, sans s'inquiéter du lendemain.

La mort elle-même ne les attriste pas. Dès qu'un des leurs vient à mourir, ils se contentent de dire : « Il est allé à Dieu ! » et, l'oraison funèbre ainsi terminée, on ne pense plus au défunt.

Il ne faudrait pas croire toutefois qu'ils soient étrangers à tout sentiment. Les noirs et surtout les négresses sont pleins d'affection pour leurs enfants, que jamais elles ne consentent à abandonner.

L'art des nègres est nul ou rudimentaire.

Ils considèrent comme une offense à la divinité toute reproduction par la sculpture ou la peinture du visage humain.

Les Maures les ont initiés au travail des métaux, et quelques-uns d'entre eux, appartenant d'ailleurs à la caste méprisée des forgerons-bijoutiers, fabriquent des objets avec une certaine habileté.

La danse et le chant sont seuls tolérés chez eux, car la musique est l'apanage des *griots* ou baladins maudits.

Dans leurs chants, ils font d'une phrase quelconque une sorte de mélopée qu'ils rythment en claquant des mains, et que leurs griots accompagnent au son du tam-tam ou du *balafond*.

Le balafond est un instrument de musique venu de chez les Mandingues. Il consiste en petites calebasses de dimensions graduées et suspendues à des planchettes que l'on frappe de coups secs.

II

L'origine des noirs a de quoi tenter la curiosité de l'historien et du philosophe. D'où viennent ces hommes, de quels ancêtres descendent-ils, quelles causes physiques et physiologiques ont contribué à noircir leur épiderme, mettant ainsi une différence bien tranchée entre eux et le reste de l'humanité?

La Bible nous parle de Cham et de la malédiction qu'il encourut pour avoir manqué de respect à Noé, mais elle se tait sur ses fils et n'en fait plus mention qu'à propos de la terre de Chanaan.

Comment expliquer ce fait, sinon par la dispersion immédiate des Chamites, que les Japhétites et les Sémites eurent bientôt perdus de vue?

Les fils de Cham pénétrèrent sans doute les premiers en Afrique par l'isthme de Suez, longèrent la côte, firent des incursions en Espagne sur notre littoral méditerranéen, et quelques-uns d'entre eux s'établirent même en Ligurie. Il ne serait pas impossible que les Génois, race à part parmi les indigènes de la péninsule italique, fussent des descendants de Cham.

Il est probable que, refoulés peu à peu du nord et de l'est, les Chamites se répandirent sur le continent africain.

Les Ismaélites, à leur tour, durent les chasser des régions septentrionales de l'Afrique et les pousser de plus en plus vers l'intérieur.

Au problème d'une origine hypothétique s'en ajoute un autre non moins important. A quelles influences physiologiques et géogéniques faut-il attribuer la couleur des nègres?

Il n'est pas douteux que dans les premiers temps du monde toutes les races furent blanches. Les modifications qui se sont produites doivent être la conséquence du sol, du climat, des mœurs et des occupations diverses de chacun.

A notre époque même, le terrien de race a des signes caractéristiques qui le différencient complètement du noble ou du citadin. Le type individuel varie avec les peuples.

Les Chamites, dans leurs émigrations incessantes, se sont toujours dirigés vers des régions brûlées par le soleil. Leur vie toujours nomade, jointe à l'action du soleil, a dû tout d'abord altérer profondément leur type originel.

L'immoralité traditionnelle des Chamites a dû en second lieu provoquer des troubles physiologiques, qui ont eu un retentissement sur tout leur organisme. Il ne serait pas invraisemblable qu'à la suite d'éruptions cutanées, analogues à la gale bédouine d'Algérie, les papilles de leur peau soient devenues noires.

Quoi qu'il en soit, l'observateur reconnaît chez les noirs des hommes à l'état primitif.

La civilisation musulmane, qui cherche par la propagande religieuse à entamer leur barbarie, n'a pu détruire le cachet antique qu'ils gardent, à leur insu, depuis le commencement des âges.

Que réserve l'avenir à ces fils de Cham? Jamais ils n'atteindront d'eux-mêmes un haut degré de civilisation.

La fusion des races blanches et noires transformera sans

doute peu à peu les nègres et provoquera une race métisse;
mais il faudra des mélanges continuels et des rapprochements
de plus en plus directs avec des Européens pour obtenir enfin
une race stable. Les unions de mulâtres entre eux deviennent
en effet stériles au bout de quatre générations.

Comme l'Europe finira tôt ou tard par se rendre maître de
l'Afrique, on peut faire au sujet des noirs deux conjectures :

Ou bien les nègres seront peu à peu exterminés, ou bien
encore leur fusion sera tellement complète, qu'ils disparaîtront
en tant que race.

Le Cayor.

Le Cayor est le pays des Woloffs proprement dits. Il s'étend
le long de la côte de Saint-Louis à Dakar et pénètre dans l'intérieur sur une profondeur d'environ cent kilomètres. Le
Diambour et le Walo le bornent au nord; l'océan le baigne
à l'ouest sur une étendue de deux cents kilomètres; le Djoloff,
vaste pays enclavé entre le Fouta et le Cayor, le borne à l'est;
le Baol enfin étend au sud les dernières limites de son territoire.

Toute la partie du Cayor qui longe la mer est basse, sablonneuse et malsaine, coupée de petites collines qui s'étendent
dans une direction parallèle à l'océan.

Les pluies de l'hivernage, retenues dans les bas-fonds de
son sol argileux, forment des étangs ou marigots entourés de
niayes, c'est-à-dire de forêts de palmiers. Cette région de bordure, connue dans le pays sous le nom de région des *Niayes,*
est complètement déserte et n'a pour habitants nocturnes que
les hyènes et les chacals.

Parfois cependant, au milieu de cette solitude, on aperçoit
le long d'un palmier une forme étrange qui se hisse jusqu'au
bouquet de l'arbre. C'est un nègre qui, la taille soutenue par
une liane circulaire, et s'aidant de ses pieds, grimpe pour faire
des incisions et recueillir ainsi le suc du palmier, qui deviendra
après fermentation du vin de palme.

Après les niayes, le voyageur qui s'enfonce dans les terres
à l'ouest n'aperçoit pendant une vingtaine de kilomètres
qu'une lande désolée; puis peu à peu il pénètre dans des broussailles épineuses. L'horizon change alors d'aspect. Les hauts

roniers et les sveltes cocotiers se dressent dans l'azur du ciel et marquent la limite du Cayor, productif et riche en graines de toutes sortes.

Des *lougans* (champs) de mil et d'arachides se succèdent. On entend monter dans l'air transparent le son lointain des pilons broyant le mil dans les mortiers, et là-bas, sous la haute ramure des fromagers, des toits pointus de cases annoncent enfin la présence amie de l'homme.

Plus loin, on trouve non sans quelque surprise le tracé tout récent d'une voie de chemin de fer qui sillonne ce pays encore sauvage.

Malgré son apparente monotonie, le Cayor impressionne, et à certaines époques de l'année il revêt un cachet vraiment grandiose.

Les nuits y sont surtout solennelles, et quand les ténèbres ont voilé ces vestiges orgueilleux de notre civilisation contemporaine, que la grande voix des fauves emplit l'immensité des solitudes vierges, on se sent saisi tour à tour d'une mélancolie vague, d'un effroi involontaire et d'un transport d'admiration.

L'intelligence obscurcie par les contradictions et les passions humaines se replie sur elle-même, sonde les recoins d'une conscience dévoyée; et le regard de l'âme, embrassant l'infini, se porte à travers les espaces jusqu'à Celui qui préside à l'ordre immuable et aux révolutions des choses.

Histoire sommaire du Cayor.

Le Cayor est une ancienne province démembrée du royaume de Djoloff. Le bour ou roi du Djoloff avait jadis sous sa dépendance les États actuels du Walo, du Cayor, du Baol, du Sine et du Saloum. C'est ce qui explique pourquoi la famille et la langue wolove sont les plus répandues et jouent un rôle si considérable dans cette partie de l'Afrique occidentale.

Je raconterai plus loin l'origine légendaire de ce vaste empire. Je me bornerai pour le moment à relater que le chef du Cayor, Amady Ngoné Fall, fut le premier à lever l'étendard de la révolte.

Il était parti, dit-on, selon l'antique usage, pour rendre hommage au nouveau bour du Djoloff, Samba Guelem. Ce dernier, voulant lui donner une preuve de sa haute puissance, le laissa se morfondre pendant huit jours à l'entrée de Ouarkor, sa capitale.

Amady Ngoné et sa suite, qui étaient restés pendant ce temps-là sans abri et presque sans nourriture, furent si indignés d'un tel procédé, qu'ils reprirent la route du Cayor sans avoir rendu hommage au roi, et y fomentèrent une insurrection.

Le Cayor se souleva, marcha contre Samba Guelem et tailla en pièce l'armée qu'il lui opposait. Le bour lui-même resta au nombre des morts.

Amady Ngoné Fall fut proclamé roi ou damel du Cayor. Le Walo, le Baol, le Sine et le Saloum profitèrent de cette circonstance et se déclarèrent à leur tour indépendants.

Les successeurs de l'ancien bour du Djoloff conservèrent néanmoins leurs prétentions sur les anciennes provinces. L'un d'eux profita de la tyrannie d'un damel du Cayor pour le faire détrôner et s'emparer de ses États. Malheureusement son orgueil ne tarda pas à lui aliéner ses sujets, qu'il considérait comme des esclaves rebelles. Les grands du Cayor se réfugièrent chez Latyre Fall Soukabé, teigne ou roi du Baol. Forts de l'appui de son armée, ils attaquèrent le tyran, qui fut à son tour vaincu. Délivrés de lui, ils songèrent à choisir un des membres de l'ancienne famille royale pour le proclamer damel; mais Latyre Fall Soukabé déclara qu'après avoir bien réfléchi il ne voyait personne qui fût plus digne que lui-même de devenir roi du Cayor.

La raison du plus fort l'emporta, comme de coutume. Latyre Fall Soukabé, teigne du Baol et damel du Cayor vers l'an 1695, gouverna ces deux États avec un despotisme sauvage.

Toute la famille d'Amady Ngoné Fall fut peu à peu mise à mort sous les prétextes les plus futiles; sa tyrannie n'eut d'égale que la terreur qu'il inspirait.

Malgré plusieurs attentats tramés contre sa personne, il atteignit la vieillesse et mourut sur un trône édifié par l'usurpation et consolidé par le sang.

On voit par ce simple résumé que l'histoire des sauvages ne diffère guère de celle de peuples plus civilisés, et que l'ambition humaine suit des voies identiques sous les climats les plus divers.

Les intrigues de palais du temps de Tacite ressemblent fort à celles de la case royale de ces potentats nègres.

Les successeurs de Latyre Fall Soukabé gouvernèrent en

même temps le Baol et le Cayor jusqu'en 1777; mais, après la mort du teigne Macodou Fall, la difficulté de diriger seul un aussi grand royaume obligea Amady Ngoné Fall II à le partager de nouveau d'après les anciennes divisions. Il garda pour lui le Cayor, et le damel actuel se rattache à la famille du tyran Latyre Fall Soukabé.

La société wolove.

Les Woloffs de la presqu'île du Cap-Vert, ou *Woloffs Lébous*, indépendants de ceux du Cayor et sous notre tutelle immédiate, ont quelque peu modifié leurs usages au contact des Européens. Ils ne pouvaient donc pas m'offrir la hiérarchie complète d'une véritable société.

Les Woloffs du Cayor, au contraire, constituent un type social excessivement curieux, dont on peut pour ainsi dire démonter tous les ressorts. Cette société, d'ailleurs parfaitement hiérarchisée, est basée sur un système à la fois féodal et patriarcal.

LE DAMEL [1]

En haut de l'échelle sociale se trouve le damel, chef suprême du Cayor. Il est choisi dans la famille royale par le *diabudinbour*, chef héréditaire des *diambours* ou hommes libres. Le village de Nguiguis est la résidence des damels. C'est là que les grands vassaux viennent rendre hommage à leur nouveau chef, d'après un cérémonial toujours strictement observé.

Il faut, pour arriver jusqu'à cette majesté noire, traverser une dizaine de cases et faire dans chacune une longue station.

Les grands se présentent, le jour de l'élection, vêtus d'une simple toile tombant jusqu'aux genoux. Ils doivent se prosterner à terre, couvrir leur front et leurs cheveux de sable jusqu'à ce que le damel leur ait intimé l'ordre de se relever.

La succession au trône se fait en ligne collatérale.

---

[1] Cet état de choses a été depuis modifié. Le dernier damel du Cayor Samba Laobé a été tué, et le Cayor est passé sous notre dépendance. Les mœurs toutefois sont restées identiques, et il n'y a eu de supprimée que la dignité de damel.

Le fils aîné du défunt ne devient roi qu'après la mort de tous les frères de son père.

La première femme du damel jouit seule du titre de reine et doit être épousée publiquement; ses enfants sont les seuls princes légitimes.

Le damel possède le privilège de ne pouvoir jamais être fait esclave, et, s'il est pris dans une bataille, il doit être mis à mort ou se tuer lui-même.

Le damel du Cayor ne doit jamais passer une rivière ou regarder la mer, car c'est une superstition parmi les Woloffs qu'une mort presque immédiate s'ensuivrait.

LA COUR DU DAMEL

La cour du damel se compose des esclaves de la couronne, grands officiers chargés de l'administration et du commandement de l'armée. Ce sont des fils d'esclaves, attachés depuis un temps immémorial à la maison royale et qui ont été élevés avec le prince.

Un intendant des portes de la maison royale, nommé le *farabount* ou *keur*, remplit l'office d'introducteur et de chef du protocole. Un intendant royal, appelé le *ndoukan*, fait travailler les esclaves secondaires et les prisonniers de guerre.

Les *alkati* représentent le damel dans chaque village important; ils perçoivent les *galaks*, coutume ou imposition, et en particulier le *koubeul*, ou impôt sur les caravanes.

Le prince garde auprès de lui un *diarof* ou chambellan.

Ce même nom désigne aussi dans les villages l'officier qui rend la justice au nom du roi et préside aux distributions de terre.

Les *diambours* ou hommes libres constituent une sorte de classe intermédiaire, au-dessous de laquelle viennent immédiatement les *badolo*, ou paysans cultivateurs, également libres.

RELIGION

Ces différentes classes de la société professent l'islamisme, auquel les Woloffs ont été convertis par les Maures. On donne le nom général de *marabouts* à tous les sectateurs de Mahomet.

Les Woloffs sont peu fanatiques, et leur religion consiste surtout dans la confiance absolue qu'ils ont dans leurs amulettes ou *gris-gris*. Ils sont très superstitieux, croient aux génies et aux sorciers. Il existe parmi eux un culte singulier, qu'ils partagent avec les Bambaras : c'est celui du Canary ou du Bouy en l'honneur du *Dieu inconnu*.

Beaucoup d'entre eux, sur la limite du Baol, sont restés fétichistes.

Les *tamsirs* sont les grands interprètes et les docteurs de la religion. Ce sont des marabouts *Foulah* qui jouent chez les Woloffs le rôle d'*éducateurs de la jeunesse*. Les *serignes Dara*, comme on les appelle, joignent à leur métier d'éducateur celui de fabricant, de vendeur de gris-gris et de tireur de bonne aventure.

Ils donnent le soir leurs leçons aux petits enfants des villages, leur apprennent à lire et à réciter par cœur des versets du Koran, tracés sur une planchette de bois arrondie. Dans la journée, ils les envoient mendier et ramasser du bois pour leur compte.

Enfin il existe chez les Woloffs des espèces d'anachorètes, nommés *valiou*. Ce sont des musulmans qui, dans un esprit de pénitence ou pour tout autre motif, vivent isolément dans les bois et se nourrissent d'herbes.

On trouve, dans la partie du Cayor qui confine au Baol, des hommes libres qui sont restés fétichistes. Ils choisissent comme fétiches un arbre (ordinairement le fromager) ou une pierre, et ils y rendent un culte aux ancêtres.

Me promenant un jour aux environs de Thiès, j'aperçus un noir qui versait du vin de palme sur une pierre. Je lui en demandai la raison, et voici ce qu'il me répondit :

« *Rer bilé la nou tour ou, ndégé bilé la ngniou soul souniou imam* Cette pierre est notre fétiche, car c'est ici que nos ancêtres sont enterrés. »

LES TIÉDO

Au-dessous des marabouts et des hommes libres et au-dessus des classes serviles, se place la caste des *tiédo*, vassaux directs et gens de la milice royale. Chaque chef de village est obligé d'entretenir pour le compte du damel un certain nombre de tiédo, auxquels il fournit des armes et des chevaux. Les tiédo sont des gens sans foi ni loi, et ils ne reçoivent d'autre paye que le fruit de leurs pillages et de leurs rapines.

Ayant tout intérêt à fomenter des guerres, ils sont des sujets constants de troubles.

Le Cayor, après vingt-cinq ans de luttes à outrance, commence à peine à respirer. Il est probable que ce repos est seulement provisoire, et qu'ils entraîneront le damel Samba Laobé à sa ruine, comme ils y ont déjà conduit ses trois derniers prédécesseurs.

Nous passons maintenant à la catégorie des gens de métiers, aux esclaves et aux griots.

GENS DE MÉTIERS

Les gens de métiers ne jouissent chez les Woloffs d'aucune considération, parce qu'ils sont tous d'anciens esclaves ou des griots. Toutefois il faut faire une exception en faveur des maçons, des charpentiers et des menuisiers, qui sont pour la plupart des noirs de la colonie anglaise de Sierra-Leone ou de l'île de Gorée, devenus chrétiens. Ils sont adroits, industrieux et d'une intelligence plus élevée que celle de leurs congénères. Ils ont depuis longtemps adopté en partie les mœurs et le costume européen, qu'ils portent d'ailleurs avec une certaine fantaisie. Ils aiment à s'affubler de pantalons rouges à raies jaunes, et laissent sur le pantalon retomber leur chemise. Ils ont des gilets très souvent rouges ou bleus, et sur la tête des calottes brodées. Leur penchant pour l'ivrognerie est des plus prononcés.

Les tisserands (*toub raba*) sont tous issus de familles de griots. Ils ont quitté la vie dissolue de ces derniers pour faire un métier avoué.

Les *forgerons-bijoutiers* se trouvent dans le même cas. Les uns et les autres sont de braves gens, travailleurs pacifiques et souvent même fort habiles en leurs métiers. Néanmoins le discrédit qui atteint la race des griots s'appesantit sur eux. Ils forment une caste à part et ne peuvent s'allier qu'entre eux.

LES ESCLAVES (LES DIAM)

L'esclavage est une des conditions même de la société wolove. En dehors des professions de pêcheur, de cultivateur et de traitant, le Woloff considère tout travail comme un déshonneur.

L'esclavage d'ailleurs n'a jamais, à la côte et au Cayor, le caractère de trafic humain qu'il revêt dans les marchés du Soudan. Les esclaves appartiennent absolument au maître, il est vrai; mais il est rare qu'ils soient maltraités par lui. Ils font pour ainsi dire partie de sa maison, comme nos gens de service, et sont élevés avec les fils de leur maître sur un pied entier d'égalité. On a vu plus haut que les esclaves nés dans la maison du damel constituaient son conseil privé.

Les esclaves dits *de case* ont part, comme des hommes libres, aux distributions de terre faites annuellement par le chef du village. Ils doivent cependant abandonner leur récolte personnelle à leur maître dans le cas de disette.

LES GRIOTS OU « GUÉVEUL »

Les griots forment une caste à part et maudite non seulement chez les Woloffs, mais chez tous les noirs de l'Afrique occidentale.

Les princes et les chefs les attachent souvent à eux comme bouffons ou musiciens, mais religieusement ils demeurent toujours hors la loi.

Ils n'ont pas droit au paradis ni même à la sépulture. Leurs cadavres sont enfermés dans le creux des baobabs pour y être livrés en pâture aux chacals.

Les noirs les considèrent comme les descendants du diable, et les griots s'imaginent eux-mêmes qu'ils ont été créés uniquement pour s'amuser, chanter et faire rire les autres.

Ils croient qu'après leur mort ils dormiront en paix jusqu'au jour du jugement, et reviendront alors sur la terre pour s'y amuser de nouveau.

Mais il importe pour cela d'empêcher le diable d'enlever leur âme. Aussi, dès qu'un des leurs vient à mourir, les griots s'assemblent autour de son corps, et leurs jeunes filles nues et armées de sagaies vociferent pendant toute la nuit, afin d'éloigner le diable qui guette l'âme du défunt.

Plusieurs légendes courent sur l'origine des griots. L'une d'elles raconte que le diable, s'étant fait homme, fut reconnu et jeté à la mer. Un pêcheur mangea un poisson qui avait avalé une parcelle du diable, et fut immédiatement possédé par l'esprit des ténèbres. On le lapida; mais le diable passa dans le corps d'un autre homme, et ainsi plusieurs fois de suite, jusqu'à ce qu'enfin, de guerre lasse, on laissa vivre le dernier possédé. C'est de celui-là, dit-on, que descendent les griots.

Les griots sont les bouffons publics, les joueurs de tam-tam, les baladins, les flatteurs officiels. Ils excellent à faire des compliments, qu'on leur paye d'ailleurs aussitôt. Ils circonviennent surtout les traitants, qu'ils accablent de louanges ridicules, vantant leur générosité, leur bravoure, leur noblesse, celle de leurs ancêtres qu'ils n'ont jamais connus. Les Woloffs sont fats et vaniteux au-dessus de toute expression, et ils se dépouillent jusqu'au dernier sou pour s'entendre débiter d'aussi absurdes flatteries. Il n'y a pas de fête ou de cérémonie chez eux sans le concours des griots. Aussi la plupart deviendraient-ils fort riches, s'ils ne dépensaient pas tout leur argent à couvrir leurs femmes de bijoux et à s'adonner à la boisson.

Je ne sais si véritablement une malédiction antique plane sur la caste des griots. Je suis pour ma part tenté de croire à un discrédit enraciné par la vie éhontée qu'ils mènent, discrédit assez semblable à celui jeté dans tous les pays sur les cabotins de tout genre.

La classe des griots se subdivise elle-même en plusieurs genres. J'ai déjà parlé des *toub raba* ou tisserands. On distingue encore celui des *gnegno,* et dans celui-ci les *segn.* Ce sont des bouffons qui s'occupent, entre temps, à creuser des pirogues.

Les *iolé* appartiennent à la classe la plus abjecte des griots.

LES SORCIERS (LES DÉMA)

Enfin au dernier degré de la société wolove viennent les *déma* ou sorciers, très redoutés parmi les noirs. D'après la légende, les hommes, après l'érection de la tour de Babel, durent passer, pour se disperser aux quatre coins du monde, devant un lac de sang et un lac d'eau. Le plus grand nombre, pressé par la soif, se désaltéra en buvant de l'eau; mais quelques-uns burent au lac de sang, et devinrent les ancêtres des sorciers.

Les déma ont le pouvoir de se séparer de leurs corps pendant la nuit, et de manger les âmes de ceux qui ne mettent pas du sel dans leurs aliments. Aussi a-t-on soin de se prémunir contre eux de bons gris-gris préservatifs.

On m'a même montré une herbe très efficace. Le *serigne dara* (fabricant de gris-gris) qui voulait me la vendre me dit :

« Fais brûler cette herbe, les sorciers qui rôdent autour de toi viendront aussitôt te raconter leurs crimes. »

4

Le *norror* est le demi-sorcier. C'est celui dont le père seul est déma. Il a le pouvoir de regarder ce qui se passe dans les entrailles des autres, mais il ne peut les dévorer.

Tel est en résumé l'état de la société dans laquelle je suis appelé à vivre. Tous ses rouages fonctionnent sans se froisser, et si les Woloffs sont sous l'empire de préjugés parfois injustes et inexplicables, il faut reconnaître qu'ils rachètent tous ces défauts par une conduite de vie vraiment patriarcale.

Leurs constitutions rappellent en somme quelques-unes de celles de notre moyen âge, et, si l'on songe aux antiques superstitions de nos campagnes, on ne les trouvera pas très dissemblables de celles des Woloffs.

La suite de mes récits fera pénétrer le lecteur plus avant dans l'étude de cette société et des rapprochements bibliques qu'elle évoque à tout instant.

Les Woloffs ont résolu depuis longtemps certains de nos problèmes sociaux gros de menaces. La terre appartient à tous, et chaque année on en fait des distributions proportionnelles aux besoins de chacun.

C'est une règle politique chez eux de donner l'autorité non au plus fort, mais au premier né de la race des chefs. Le père est le maître indiscuté et vénéré de la famille.

La vieillesse y jouit d'un respect touchant, et l'hospitalité y est en honneur comme aux premiers temps du monde.

Peuples heureux et sans histoire !

Quand on songe aux douloureuses vicissitudes, aux affres du pain quotidien, à cette lutte à outrance pour la vie, aux tracas continuels, au luxe effréné de quelques-uns s'étalant effrontément en face de la misère du peuple, à ce qu'il faut déployer de travail, de courage, d'intelligence, d'efforts pour être broyé souvent dans ce redoutable engrenage de l'existence contemporaine, on se demande avec effroi si ces prétendus sauvages, insouciants et gais, ne sont pas plus heureux que nous !...

La traite au Sénégal (ce qu'elle était et ce qu'elle est).

Dès l'année 1626, une compagnie normande avait établi des comptoirs à l'embouchure du fleuve et faisait l'échange de la gomme. Elle fut obligée, au bout de trente-sept ans, de céder son privilège commercial à la compagnie des Indes occidentales. Celle-ci fut successivement remplacée par d'autres sociétés : la compagnie d'Afrique en 1681, la compagnie royale du Sénégal en 1694, la compagnie du Sénégal en 1709, la compagnie des Indes en 1718.

Les Anglais s'emparèrent de notre colonie en 1758, et Saint-Louis resta entre leurs mains jusqu'en 1779.

La compagnie française de la Guyane acheta en 1784 le droit exclusif de la traite de la gomme au Sénégal, et fut supprimée par la Convention en 1791.

En 1828, la Restauration ressuscita les compagnies privilégiées, et accorda à la société de N'Galam la concession du commerce exclusif dans le haut fleuve, sous condition de consacrer une partie de ses capitaux à des exploitations agricoles. Cette compagnie ne réussit pas mieux que les précédentes, et l'État fut obligé, au bout de quelques essais infructueux, de la relever de ses obligations.

A la traite de la gomme, ces compagnies privilégiées, sauf la dernière, joignaient le monopole de la traite des esclaves. On exportait en moyenne par année, du Sénégal, de douze cents à quinze cents nègres.

La monnaie fiduciaire courante était alors la barre de fer dont les indigènes se servaient pour fabriquer des armes et des instruments aratoires. On appréciait la valeur d'une marchandise à la valeur correspondante à la barre de fer. La barre valait, en 1802, quatre livres seize sols.

Un nègre de quinze à vingt-cinq ans constituait ce qu'on appelait alors une pièce d'inde; trois petits nègres ou négresses faisaient deux pièces d'inde; deux enfants de cinq à dix ans valaient une pièce.

La valeur d'une pièce d'inde était de cent trente barres, équivalant à six cent vingt-quatre livres tournois.

Voici les marchandises que l'on donnait au commencement de ce siècle pour acheter un nègre, en appréciant ces marchandises à la valeur de la barre :

2 pièces de guinée.	20	barres.
2 pièces d'indienne.	20	»
1 fusil à deux coups.	20	»
2 fusils de traite.	12	»
1 paire pistolets.	6	»
12 pintes d'eau-de-vie	4	»
400 balles.	4	»
24 livres de plomb	12	»

24 livres de poudre	12 barres.
2 sabres de traite	2 »
3 branches d'ambre.	3 »
3 livres de corail.	3 »
2 pièces toile platille	4 »
6 mains de papier	1 »
1 huitième de drap écarlate . .	1 »
8 têtes de tabac	2 »
4 cadenas	1 »
8 couteaux.	1 »
1 miroir	1 »
1 marmite.	1 »

Le commerce du Sénégal est libre aujourd'hui. Depuis 1848, la traite des esclaves a été abolie parmi les nations européennes, et le nom de traite conservé au simple échange des marchandises.

Cependant, jusqu'en 1856, la traite des gommes resta l'apanage exclusif de certains individus. Pour devenir traitant, il fallait : 1° être mulâtre ou nègre ; 2° être né à Saint-Louis ou à Gorée ; 3° n'être ni marchand ni négociant patenté ; 4° avoir fait trois ans de stage en qualité d'aide-traitant. De plus, on payait alors aux rois maures des coutumes, sortes de gratifications annuelles que ces chefs avaient fini par considérer comme obligatoires.

Il suffit aujourd'hui d'être Français pour commercer au Sénégal, et les coutumes, véritables impôts humiliants, ont été en partie transformées.

La traite dure au Sénégal de décembre à juin. Les principaux produits indigènes sont, après l'or, la gomme, le caoutchouc, les plumes, les peaux, les graines, et en particulier l'arachide.

L'arachide est une légumineuse annuelle dont la graine produit une huile limpide, inodore, utilisée actuellement sur tous nos marchés d'Europe, et dont la première pression obtenue se mélange avec l'huile d'olive.

C'est le Cayor qui produit l'arachide la plus estimée du monde. Aussi ses transactions commerciales se bornent-elles presque aujourd'hui à l'achat de cette graine. C'est à M. Jaubert, industriel de Marseille, que revient l'honneur de l'acclimatation de l'arachide en 1840. L'exportation, qui commença en 1844, a pris depuis cette époque un développement considérable.

Les traitants sont presque tous des Woloffs de Rufisque ou

Factorerie.

de Saint-Louis. Toutefois, [depuis quelques années, les commerçants envoient dans l'intérieur des traitants européens déjà au courant des affaires et capables de parler la langue du pays.

La marchandise de transaction par excellence avec les indigènes est une pièce de cotonnade bleue, teinte à l'indigo et appelée *guinée*.

Quand les Portugais vinrent jadis s'établir à Portendick et à Arguin, ils y importèrent une cotonnade fabriquée aux Indes, qu'ils nommaient *bayempos*. Ils l'échangeaient contre la gomme, et bientôt elle devint une sorte de monnaie courante dans l'Afrique occidentale.

Lorsque les Français se furent emparés de Portendick et d'Arguin, ils remplacèrent le bayempos par une pièce d'étoffe à peu près semblable venue de Pondichéry, et à laquelle ils donnèrent le nom de *guinée*.

La guinée a continué depuis à être la monnaie principale de l'échange. Elle se fabrique moins aujourd'hui dans nos colonies des Indes qu'à Hambourg et à Manchester. C'est une pièce de quinze mètres, qui se vend de neuf à dix francs à la côte, et sur laquelle les marchands gagnent à peine l'escompte accordée par balle de cinq cents pièces.

Telle est l'histoire et la situation générale actuelle de la traite au Sénégal. J'ai déjà dit, dans mon précédent ouvrage sur la *Colonisation au Sénégal*, ce que je pensais de ce vieux trafic, qui est une tromperie où traitants et chameliers se volent mutuellement.

Les opérations de traite se soldent presque toujours par des déficits d'inventaire. Les traitants indigènes font entre eux une question d'amour-propre d'acheter la plus grande quantité possible de gommes ou d'arachides.

Pour arriver à ce résultat, ils livrent leurs marchandises moins cher qu'elles ne leur coûtent réellement, achètent leurs produits à un taux plus élevé que celui du cours en France.

Un traitant européen doit à sa maison un compte rigoureux des marchandises et de l'argent confiés, et ne peut en conséquence égaler leur roulement d'affaires.

Les armateurs-négociants de Marseille ou de Bordeaux encouragent implicitement cette fureur d'acheter à n'importe quel prix, et marchent, à leur insu, à une ruine prochaine. Je suis persuadé que les anciennes compagnies privilégiées n'opéraient pas autrement par l'intermédiaire d'agents peu scrupuleux, et l'on sait qu'elles ont toutes fini par la faillite. Les négociants français sont certainement honnêtes. Je doute cependant que la plupart fussent à même de déposer leur bilan dans un temps donné. Le crédit qui les soutient peut leur manquer d'un jour à l'autre, et c'est l'avenir d'une des colonies les plus riches du monde compromis.

Je sais qu'ils s'appuient sur deux raisons pour approuver cette façon d'agir. Les voici : l'arachide est une graine très légère, et son exportation considérable nécessite l'emploi de navires d'un tonnage plus élevé que ceux d'autrefois. Les navires, dont le prix de fret diminue chaque jour, ont besoin de revenir chargés en Europe et de prendre pour cette raison une grande quantité de graines. Il suit de là que plus un traitant achète d'arachides, plus il jouit auprès de ses chefs de la réputation d'homme habile; plus aussi on lui livre d'argent ou de marchandises.

En second lieu, les négociants facturent leurs marchandises aux comptoirs de traite à des prix si élevés, que les pertes des traitants sont souvent fictives en réalité. En effet, les pertes d'une opération sont naturellement calculées, non sur la valeur première d'une marchandise livrée, mais sur la valeur attribuée après une majoration qui n'est pas souvent éloignée de quarante pour cent.

Mais ces deux raisons, valables pour certains négociants, ne peuvent trouver leur application particulière pour le plus grand nombre.

Il est possible, en effet, que de grandes maisons retrouvent sur l'armement les frais généraux considérables d'une opération de traite, et gagnent même sur la vente de marchandises livrées à des conditions exceptionnelles par les comptoirs intermédiaires de Dakar, de Rufisque et de Saint-Louis; mais que dirons-nous des négociants non armateurs?

Ils doivent pourtant suivre l'impulsion donnée par les grands brasseurs d'affaires, sous peine de voir les boutiques de leurs traitants désertées par les caravanes; et comme leurs capitaux sont insuffisants pour parer à des pertes annuelles, ils deviennent bientôt les hommes-liges de deux ou trois grandes maisons d'armement dont le monopole, sans être nominatif et apparent, est cependant réel.

Voilà pourquoi le Sénégal est entraîné dans une routine sans issue, où l'avenir est fermé à toute initiative jeune et intelligente. Rien ne change dans ce pays, où les mœurs restent stationnaires et où le commerce tourne dans un cercle vicieux.

La gomme et aujourd'hui l'arachide semblent être les seuls produits d'une contrée merveilleusement fertile, et l'exploitation des blancs remplace l'antique traite des esclaves.

Peut-être ces considérations paraîtront-elles sévères à quelques-uns. Je n'ai l'intention d'offenser personne, et je sais fort bien que dans la situation actuelle il est impossible qu'il en soit autrement. Mais j'en ai l'espoir, des essais agricoles prudents et raisonnés peuvent et doivent, comme j'ai cherché à le démontrer ailleurs, transformer le Sénégal et son commerce actuel, qui, sans avantage pécuniaire, absorbe les facultés et les forces physiques des hommes les plus hardis et les plus intelligents.

La vie à Kelle.

A cent trente-deux kilomètres environ de Dakar et de Saint-Louis, les deux trains qui depuis un an viennent des deux points opposés de la côte se rencontrent à midi près d'un village noir placé au cœur même du Cayor; c'est la station de Kelle, où, du mois de décembre à celui de juin, quelques traitants indigènes, trois Européens de Rufisque et moi, allons faire l'achat des arachides que des caravanes nous apportent de l'intérieur. A une petite distance de Kelle se trouvent le village de N'Guiguis, résidence du roi ou damel, et le plateau de N'Dand, où a lieu la cérémonie de l'intronisation. De tous côtés s'élèvent des bois et des broussailles. La gare apparaît sur la lisière d'une forêt de hauts roniers; çà et là, à moins d'un rayon de cinq cents mètres, limite qui nous a été octroyée par le damel, on aperçoit, au milieu de cases nègres avec lesquelles elles font un contraste singulier, nos baraques achevées depuis quelques jours. Une grande paix règne aux environs, troublée seulement par l'arrivée du train, qui attire une affluence d'indigènes sur les bords de la voie et donne au village un moment d'animation. Les caravanes, qui viennent de très loin, s'arrêtent étonnées de voir pour la première fois ces deux monstres de fer qui crachent la flamme et la fumée et disparaissent en haletant à l'horizon.

« *Toubab i mous*, les blancs sont malins, » disent-ils, mais ils ne poussent pas plus loin leur admiration et se contentent d'ajouter sentencieusement: « S'ils ont fait cela, c'est que cela pouvait se faire; » et puis ils hochent la tête, compre-

4*

nant que cette industrie européenne sera pour eux un instrument de servitude.

Ils suivent longtemps des yeux les deux trains qui s'éloignent.
Un grand silence se fait, et le calme profond de la solitude
retombe sur la brousse apaisée.

Ma baraque est établie en dehors du village, près du sentier
qui mène à N'Guiguis. C'est une construction en planches de
sapin de dix mètres de long sur cinq de large; ma boutique en
occupe toute la longueur. Elle est élevée de quarante centimètres au-dessus du sol et soutenue aux quatre coins par des
moellons. Deux petites chambres sur l'arrière constituent mon
logement, mais j'en ai cédé une à mon traitant Ousman Diop.
Ousman est un grand diable de Woloff. Il a l'air intelligent,
et on le dit aussi honnête que puisse l'être un traitant noir, ce
qui n'est peut-être pas beaucoup dire. Ousman a amené avec
lui de Tivavouane ses deux femmes, ses enfants, sa sœur,
une de ses belles-mères, enfin une vraie smala.

Quelques jours après mon arrivée ici, il m'a présenté un
noir de haute taille :

« *Souma bok'i dek ak raka soumai digen.* Mon compa-
triote est le frère cadet de ma femme.

— Allons, tant mieux, et que vient-il faire ici? »

Ousman me déclare que son beau-frère a beaucoup entendu
parler de moi, et qu'il serait très heureux d'entrer à mon service comme maître de langues.

Les maîtres de langues sont de grands hâbleurs, qui vont
au-devant des caravanes et cherchent à les entraîner chez
leurs patrons par des promesses et des cadeaux.

Behem-Sis, tel est le nom du nouveau venu, proteste de son
dévouement et de son adresse, et je finis par l'accepter après
avoir débattu nos conditions.

J'ai fait abattre la brousse autour de ma baraque et me suis
réservé un vaste emplacement, que j'ai fait clôturer avec une
haie d'euphorbes. Au milieu de cette cour improvisée, toute
la famille d'Ousman Diop et ma cuisinière se sont installés dans
des paillottes. Un peu plus loin reposent, sur la terre nue, les
trois pierres qui constituent ma rudimentaire cuisine. C'est
là que, dans un pot de fer, on me prépare du kouskous, du riz
au poisson sec, et que parfois on me mijote des soupes invraisemblables. Voilà comment, dans ce petit coin de terre où les
herbes folles poussaient encore il y a un mois, nous avons formé
une véritable colonie. Quelques nègres étrangers sont même

venus s'établir autour de nous, et le soir, quand je veux me reposer des fatigues de la journée, j'ai l'avantage d'être tenu longtemps en éveil par les tam-tams, les *niapatou* (danses lascives) et les conversations animées de mon entourage. Il faut souvent m'interposer, intimer l'ordre de se taire. On fait alors silence; mais les bruits ne tardent pas à recommencer, timides d'abord, ensuite de plus en plus bruyants, jusqu'à ce que la nuit soit fort avancée.

Le lendemain de mon arrivée à Kelle, l'alkati, ou chef du village, est venu me rendre visite et m'exprimer la satisfaction qu'il éprouvait de me posséder auprès de lui.

« *Saratia i ala ak i Kelle,* sois le bienvenu des champs et de Kelle, » m'a-t-il dit en m'offrant un badou ou galette de farine de mil.

Je lui ai exprimé la réciprocité de mes sentiments, et donné un petit couteau qui lui faisait envie.

« *Yor, amoul morom, degueu la mos,* tu n'as pas ton pareil, c'est très vrai, je te l'assure ; » et sur ce petit compliment il s'est retiré à la hâte, me promettant de revenir.

Ousman a suspendu à l'entrée de ma baraque des gris-gris qui doivent porter bonheur à mon opération. Ma journée est très laborieuse, et dès six heures du matin je suis à mon travail, qui consiste à recevoir les caravanes de chameaux et de bœufs porteurs qui viennent échanger leurs arachides contre de l'argent ou des marchandises européennes.

On ne saurait croire combien il est fatigant d'écouter les histoires de tous ces gens inconnus, venus on ne sait d'où. Ils ne consentent d'ailleurs à traiter qu'après avoir reçu des cadeaux, se font entretenir à vos frais eux et leurs bêtes pendant plusieurs jours, et décampent enfin en vous demandant des crédits.

« *Vonay ! souma toubab, mayma niar ndimo.* Je t'en prie, mon blanc, donne-moi deux pièces de guinée. »

Et si je refuse, mon gâne (mon hôte) se fâche.

« *Barr na,* fait-il, *dou ma fi nionbisi mouk filé.* C'est bon, je ne reviendrai jamais plus ici. »

Ma journée se passe à parlementer. Au milieu de mes occupations, tandis que tous me parlent à la fois, souvent un nouveau venu me fait des signes désespérés pour que je lui prête mon attention.

« *Lo bougueu gourgi ?* Que veux-tu, l'homme ? lui dis-je, pensant qu'il est très pressé.

— *Ndégé Jalla! souma badio, fonal ma.* Pour l'amour de Dieu, ô mon incomparable! donne-moi une prise de tabac.

— *Am, diapal ak bayi ma.* Tiens, prends et laisse-moi tranquille, » lui dis-je en lui tendant une tabatière à la disposition des chameliers.

Un autre me demande des *yobal* ou provisions de voyage, et c'est ainsi que s'écoulent les heures jusqu'au moment où le soleil décline à l'horizon.

Ma vie à Kelle est aussi solitaire que possible, et je n'ai, avec les cinq blancs qui l'habitent comme moi, que les relations nécessaires pour n'avoir pas l'air d'un sauvage au milieu d'eux. Le premier, le chef de gare, est un grand jeune homme maigre, fier et hautain, aux allures de gentilhomme, aussi écervelé que courageux, et dont les aventures ne se comptent plus. Le second, le chef de section, est un Chinois francisé, très intelligent, à la mine rusée et chafouine. Le troisième, un Algérien qui est venu s'établir ici l'an dernier comme traitant, est un gros garçon de très bonne humeur, jovial et emporté, qui absorbe une absinthe toutes les heures et se déclare très satisfait de son sort. Le quatrième blanc est un type curieux de l'homme-épave, de celui qui a exercé tous les métiers et parcouru tous les pays. Que fait-il, et de quoi vit-il? On n'en sait trop rien. Il a adopté la vie des noirs, habite comme eux dans une case et mange le kouskous avec ses doigts. Enfin le cinquième est un jeune homme, très expert en affaires, maigre, sec, hardi, capable de tout entreprendre et de tout oser.

Nous vivions ensemble en assez bonne intelligence; mais nos rapports sont tendus depuis quelques jours à la suite d'une affaire déplorable qui a failli avoir un épilogue auquel nous ne nous attendions guère. Il existe entre les employés du chemin de fer et ceux du commerce une hostilité secrète qui a pour cause une jalousie non avouée. Les premiers ont une situation très précaire, tandis que les seconds peuvent vivre assez largement, n'ayant rien à dépenser sous le rapport de leur entretien, soldé aux frais de leurs maisons. Les employés de chemin de fer, tout nouveaux dans la colonie et imbus de nos préjugés de France, se considèrent comme bien supérieurs à de vulgaires trafiquants. De là des froissements, un dédain réciproque d'autant plus inexplicable, que le nombre des blancs est plus restreint.

Cette hostilité sourde éclate parfois et se manifeste alors avec des éclats que le soleil d'Afrique seul peut excuser. On

La traite à Kellé.

s'échauffe vite sous ces climats brûlants, et des actes de folie ne sont que des effets passagers d'une imagination surexcitée par la fièvre. Pour apprécier un fait quelconque au Sénégal, il ne faut pas se placer au même point de vue qu'en Europe. Le libre arbitre a des limites qui sont susceptibles de varier, selon les individus influencés par leurs formes corporelles, les milieux et les climats sous lesquels ils vivent. La criminalité humaine, toujours punissable justement, en vertu de nos lois, pour sauvegarder la société, n'encourt peut-être pas une sanction équivalente de la justice divine.

Mais, pour en revenir à notre querelle avec le chemin de fer, voici ce qui s'est passé :

C'était le carnaval il y a huit jours, et pour fêter cette joyeuse cérémonie qui leur rappelait leurs bons jours de France, les blancs de Kelle eurent l'idée d'organiser un petit festin à frais communs. Ce fut le chef de section qui en prit l'initiative ; il y convia le chef de gare, les deux chefs de district de N'Dand et de Louga, m'invita moi-même, mais élimina les deux autres traitants européens. Mes camarades furent froissés, mais ne témoignèrent rien de leur mécontentement. Sur ces entrefaites, un commerçant de Rufisque, venu pour surveiller l'un de ses comptoirs, me pria de lui offrir l'hospitalité le jour même où devait avoir lieu le festin. Je résolus, sous ce prétexte très plausible, de décliner l'invitation du chemin de fer. Je dînai ce soir-là avec les autres traitants, et vers dix heures chacun allait se retirer, quand l'un de nous manifesta l'idée d'aller faire un tour à la belle étoile.

A quelque distance de la gare, sur un petit plateau qui domine la voie, se trouve la maison du chef de section. De là nous aperçûmes une joyeuse compagnie, qui faisait retentir la solitude d'éclats joyeux. Le banquet avait lieu en plein air, et sur la table, au milieu des assiettes, des verres, des bouteilles et des plats renversés, les convives, parvenus à un état de gaieté aiguë, célébraient à tue-tête le carnaval. Rien ne saurait rendre l'impression de cette orgie européenne en face de cette nature, tandis que les hyènes emplissaient les environs endormis de leurs sinistres hurlements.

Longtemps nous écoutâmes, surpris nous-mêmes de l'étrangeté de ce spectacle. On venait d'entonner, de l'autre côté de la voie, le chant connu des montagnards béarnais :

> Montagnes Pyrénées,
> Vous êtes mes amours.

Alors l'un de nous, sans arrière-pensée, par une espièglerie de mauvais ton en France, mais qui semblait ici assez naturelle, voulut faire chorus avec eux, et se mit à chanter :

Halte-là, halte-là,
Les montagnards sont là.

Tout à coup de formidables clameurs répondent de l'autre côté de la voie.

« Ils veulent nous braver, crie-t-on, venir troubler notre fête ! Des lanternes ! des fusils ! vengeons-nous ! A nous, tous les hommes d'équipe ! »

Immobiles d'étonnement, nous étions cloués à la même place, nous demandant si c'était bien à nous que s'adressaient toutes ces menaces et si l'on ne voulait pas rire à nos dépens.

« Restons ici, dîmes-nous, il faut leur demander des explications, la brousse appartient à tout le monde. »

Mais déjà les plus forcenés avaient traversé la voie et se précipitaient sur nous.

« Vous n'avez pas le droit de venir nous insulter, vous allez nous en rendre raison. »

J'avais beau m'interposer, faire comprendre aux uns et aux autres que c'était un malentendu; on ne m'écoutait plus, on en venait aux voies de faits et aux injures graves. L'un d'entre nous surtout, qui avait déjà eu des démêlés avec le chef de gare, était le point de mire des assaillants. Nous cherchions à le défendre, mais nous n'étions que trois contre six. En ce moment quatre hommes d'équipe accoururent, porteurs de lanternes et armés de fusils.

« Tuez-le ! » hurlait le chef de gare devenu forcené.

En présence d'un pareil acte d'exaspération, un malheur pouvait arriver. Nous parvînmes à dégager notre camarade, et disparûmes avec lui dans la brousse.

Les noirs, lancés sur nos traces, n'en devinrent que plus acharnés à nous poursuivre. Au milieu des ténèbres et des broussailles, nous cherchions à regagner nos comptoirs. Nous entendions tout près de nous fouiller les taillis en tous sens, et on allait déjà nous atteindre, quand nous pûmes enfin parvenir à ma baraque. Alors la scène changea ; nous nous étions précipités sur des fusils et des pistolets, décidés à faire feu à notre tour. Presque en même temps que nous, deux hommes d'équipe, dissimulés dans les fourrés, tombaient comme des tigres dans l'enceinte qui bordait mon comptoir.

« Je suis chez moi, criai-je, sortez, ou je fais feu. »

Et comme ils s'avançaient malgré nos menaces, mon compagnon abaissa son revolver. Le coup partit, sans atteindre heureusement personne. Les deux noirs, comprenant qu'ils n'auraient plus beau jeu, s'enfoncèrent de nouveau dans la brousse, et tout rentra dans le silence.

Le lendemain, mon camarade provoqua en duel le chef de gare, et il fut décidé qu'une rencontre aurait lieu le jour suivant à cinq heures du matin sur la lisière de la forêt. Ils étaient si courroucés l'un contre l'autre, qu'ils voulaient se battre à mort, sans trêve et sans merci. Les gens du banquet, dégrisés, désiraient étouffer une affaire au sujet de laquelle ils nous avaient déjà fait des excuses, et de notre côté nous cherchions par tous les moyens possibles à amener une réconciliation. Tout fut inutile, et la rencontre eut lieu au jour fixé.

J'avais été choisi comme témoin, et, sachant leur animosité réciproque, je craignais avec raison que le combat fût funeste pour tous deux. Je traînai donc les choses en longueur, examinant les pistolets.

« Voyons, dis-je au chef de gare, vous ne vous battrez pas ce matin; attendez que votre train soit passé. Vous avez une responsabilité énorme, puisqu'il peut arriver des accidents qui auraient les suites les plus graves pour la colonie. »

Cette considération parut l'émouvoir.

« Vous, repris-je en me tournant du côté de mon camarade, vous avez des intérêts à défendre ici, et c'est une banqueroute que vous faites à votre comptoir, songez-y. »

Et comme ils paraissaient cette fois tous les deux ébranlés :

« Eh quoi! m'écriai-je, nous sommes ici cinq Européens qui nous vantons d'apporter chez les sauvages une civilisation supérieure, et nous ne leur donnons l'exemple que de meurtrières divisions! Non, non, vous ne vous battrez pas, ce serait un déshonneur pour nous tous. »

J'arrachai l'arme de mon camarade, tandis que l'autre témoin enlevait celle du chef de gare.

« Allons, embrassez-vous, et que toute cette querelle soit à jamais terminée. »

Ils hésitèrent un instant, nous les poussâmes dans les bras l'un de l'autre, et ils finirent par s'embrasser.

Mᵐᵉ Baudino, ma cuisinière.

J'ai amené avec moi, à Kelle, une cuisinière que je vais avoir l'honneur de vous présenter. Pour attirer sur celle-ci toute la sympathie qu'elle mérite, je dirai en peu de mots qu'elle a été pour moi dans la suite pleine de dévouement. Ne croyez pas qu'elle excelle seulement dans l'art de Vatel; elle cumule chez moi les emplois de femme de chambre, de laveuse et de blanchisseuse. Dans son service je n'ai eu à lui reprocher que de légères soustractions de vaisselle d'étain, et celle d'une certaine botte qu'elle offrit à l'un de ses amis. Mais je passe sur ces menus faits; car je dois avouer qu'elle a professé depuis, pour son blanc, un véritable fétichisme. Elle l'a poussé si loin, qu'elle s'était fait un gris-gris en forme de collier avec les anses de mes tasses ébréchées et le bouton de mon sucrier.

Malgré tous ses talents divers, la cuisine n'est pas précisément sa partie, comme elle l'avoue ingénument. Cependant elle a fini par exceller dans la préparation d'un kouskous ou d'un riz au poisson sec, et je n'ai vraiment pas le cœur de me fâcher quand elle me présente des omelettes où elle n'a employé que des blancs d'œufs, ou un poulet rôti qu'elle n'a pas eu le temps de vider.

Mais revenons à notre sujet. Quelque temps après mon arrivée ici j'ai invité, pour pendre la crémaillère, l'entrepreneur blanc qui fait construire ma baraque et un traitant d'une maison de Rufisque. Mᵐᵉ Baudino est tout affairée quand je lui ordonne magistralement de mettre le couvert et de se présenter en tenue à peu près convenable pour servir. Sa figure noire blanchit d'émotion en apprenant qu'il faut mettre trois assiettes.

« *Bissimilay dhiame?* s'écrie-t-elle en se frappant les lèvres avec les mains. Tu as donc deux blancs à dîner?

— Parfaitement. »

Elle va ramasser, en soupirant, du bois mort derrière un buisson, et je prévois que mon dîner va tourner « en coup de fusil », comme nous disons ici pittoresquement.

Ciel! voici mes deux hôtes, deux Européens, deux blancs de la mer (*toubale i get*), disent les Sénégalais. Ils sont vêtus d'un vaste pantalon zéphir, d'un veston en flanelle blanche et du casque en liège réglementaire.

Je m'avance vers eux et leur tends la main avec une cordialité qui sent son hobereau, fier de tenir, en ce jour, table
ouverte.

Après les saluts d'usage et présentation de ma cuisinière,
nous nous saisissons d'une bouteille d'amer Picon et de gre-
nadine, et nous nous installons à terre, les jambes croisées sur
le sable, autour d'une caisse vide qui nous sert de table.

« Madame Baudino!

— Oh! mangi! oh! me voici.

— Des verres! »

Elle se précipite, marteau et ciseaux en main, vers la caisse
à vaisselle. Elle ouvre : grand Dieu! de verres et de choses
fragiles plus de trace, rien que des débris, des tessons, qui
miroitent sur la paille jaune. Que faire?... Tout à coup il me
vient une idée. Je me lève, cours, vole, et reviens triomphalement avec trois boîtes vides de sardines, d'asperges, de petits
pois; et dans ces coupes improvisées nous prenons l'apéritif,
au milieu de joyeux éclats de rire et de gais propos. La gaieté
tombe pourtant avec le soleil, qui se couche, là-bas, dans le
lointain incendié. Nous nous identifions, malgré nous, au
calme solennel de la nature qui nous environne et se dresse
dans ce crépuscule fugitif avec des tons d'une sublime majesté.
Les cases pointues du village de Kelle s'empourprent un
moment; quelque pilon attardé retentit encore dans ce grand
silence de la brousse, sur laquelle s'étendent les ténèbres
pleines de mystères et de terreur. On distingue déjà, dans
l'horizon sombre des bois muets, les premiers cris troublants
des fauves.

« Madame Baudino!

— Oh! mangi.

— Le souper est-il prêt?

— *Di na soti legi.* Il va l'être tout de suite.

— Mets le couvert. »

Elle apporte trois assiettes en fer, trois fourchettes d'étain,
six biscuits, et enfin... une marmite fumante.

« Madame Baudino!

— Oh! mangi.

— Tu oublies la gargoulette[1]. »

Je la guettais de l'œil, cette gargoulette, pendue depuis deux
heures à un clou de ma baraque, enveloppée dans un linge

---

[1] Carafe en terre poreuse.

mouillé. Exposée ainsi au vent d'est, elle doit donner à l'eau de Kelle, couleur d'ipéca, une exquise fraîcheur.

« *Diapal sa gout,* attrape ta cruche, » me dit Mme Baudino en me la tendant.

Il ne nous reste plus qu'à nous mettre à table. Chacun emplit son assiette jusqu'au bord. Le poisson a l'air suspect. Étendu longtemps sur le toit d'une case à sécher, il n'a pu sans doute se momifier complètement. Passe pour le poisson, on le met sur le rebord de l'assiette. Et le riz? Cristi! il est atrocement fumé.

Mes convives me regardent, inquiets, interrogateurs. Décidément je n'ai pas de chance. Mais, ô fortune! je me souviens d'avoir laissé à Dakar, dans la caisse à vaisselle, une boîte de champignons.

« Madame Baudino!

— Oh! mangi.

— Regarde dans la caisse déballée; ne vois-tu pas une boîte d'argent, avec une étiquette d'or? »

Elle cherche un moment.

« *Arakaïn! souma badio.* Parfaitement! ô mon incomparable.

— Apporte. Écoute-moi bien, madame Baudino. C'est une boîte de champignons.

— *Kram.* Connais pas.

— Peu importe! tu vas ouvrir cette boîte, tu presseras les champignons qu'elle renferme pour en enlever l'eau, et tu les feras bouillir dans l'huile. »

Elle ouvre des yeux ahuris, affolés. Je répète consciencieusement mon explication.

« Eh bien, maintenant as-tu compris?

— *Ouaou, ouaou, lalou matoul a vouar.* Oui, oui, cela n'a pas besoin d'être dit.

— *Gaouel, bakhna.* C'est bien, va-t'en et dépêche-toi. »

On allume les pipes, et nous mettons les pieds sur la table, en attendant le plat consolateur. Une demi-heure s'écoule, pas de champignons! La colère commence à me gagner. Je me lève pour savoir la cause de ce retard. Mme Baudino était dans tous ses états.

« Hélas! criait-elle en levant les mains au ciel.

— Eh bien, ces champignons? »

Elle eut un geste de désespoir.

« *Setal,* regarde. »

Je poussai un tel cri, que mes invités tressautèrent sur la table en faisant chavirer ma gargoulette, qui se brisa en morceaux. Dans la marmite pleine jusqu'au bord je venais d'apercevoir la boîte intacte de champignons, avec son étiquette, sautillant au travers de l'huile bouillante.

Ce fut mon premier dîner offert dans le Kayor. Depuis, j'ai donné et reçu tant « de coups de fusil », que j'ai fini par considérer Mme Baudino comme un véritable cordon bleu.

Le soir à Kelle.

Je veille tous les soirs, avant de fermer ma baraque, au bien-être de mes gânes [1] et de mes chameliers; puis, prenant mon fusil sur l'épaule, je vais faire des excursions aux alentours.

La contrée est plate, peu accidentée; mais je ne sais pourquoi elle m'impressionne étrangement. Une atmosphère douce et chaude flotte dans la brousse; des oiseaux multicolores emplissent l'air de leurs chants, et mille bruits indistincts et légers montent de ce sol vierge et fécond. Je m'enfonce dans la forêt, où les roniers dressent leurs fûts élancés, surmontés de petits bouquets verdoyants. On aperçoit le ciel partout; ce grand ciel d'Afrique qui revêt, aux heures indécises d'un demi-crépuscule, des tons adoucis et reposés. Une folle végétation encombre l'intervalle des arbres. C'est là que je me couche pour rêver ou me souvenir. Des perruches jacassent autour de moi, et parfois une biche apeurée s'enfuit à toute vitesse en me voyant, et disparaît sous les taillis. Cependant la nuit vient tout à coup, et je rentre vite, pour n'être pas surpris au milieu des bois. Alors la nature, un instant avant si calme, revêt un indéfinissable cachet de grandeur africaine. Tandis que les étoiles s'allument par milliers dans la profondeur des cieux, les fauves, blottis durant le jour dans leurs tanières, sentent que leur heure et venue et que la brousse enfin leur appartient. Tous les échos de la nuit retentissent de lugubres hurlements. Les chats-tigres et les guépards bondissent dans les fourrés; des chacals se rapprochent des villages, suivis bientôt après par des troupes de hyènes, qui vont en bande à la curée. Les voici qui s'acharnent autour d'un baobab.

---

[1] Hôtes.

Les émanations putrides qui s'en exhalent leur font flairer une proie en décomposition. Elles aspirent avec délices cet air impur. Leurs yeux sinistres brillent d'une férocité inassouvie; leur dos voûté, d'un gris blanchâtre, couvert de petites taches noires, est secoué d'un frisson de volupté; leur queue brune frétille, leur crinière un peu courte se hérisse, leur museau noir fouille avec rage le creux d'un baobab. Tout à coup un cadavre roule parmi les herbes. C'est celui d'un griot, qui n'a pas droit à la sépulture et qu'on expose dans les creux d'arbres après leur mort. Un concert de hurlements s'élève strident et prolongé, puis les hyènes se précipitent toutes à la fois, fouillent les entrailles, déchirent, déchiquetent, dévorent les chairs pourries, et souillent toute la brousse de membres hideux dispersés.

L'immonde repas fini, les hyènes repartent, le nez au vent, en quête d'une autre proie. Elles s'avancent souvent jusque sous ma fenêtre, l'oreille dressée, aussi lâches que féroces, prêtes à s'enfuir au moindre bruit. Je me lève quelquefois pour les chasser, et tire un coup de fusil au milieu de la troupe farouche. Je m'aperçois le lendemain que l'une d'elles a été atteinte; mais les hyènes se sont repues de son cadavre, et il ne reste plus sur le sol ensanglanté que des os épars çà et là.

Le Taleubone.

Les Woloffs de Cayor sont les plus beaux de tous les noirs sénégalais et de tous les nègres d'Afrique. Leur peau est aussi noire que l'ébène. Ils ont le front bombé, le nez presque aquilin, les cheveux crépus et la partie supérieure du corps si belle, si bien proportionnée, qu'ils pourraient servir de modèles à des statuaires.

Quelle est l'origine de ce peuple? Jamais la science humaine, qui reconstitue aujourd'hui les généalogies préhistoriques, n'a daigné ou même n'a pu lever les voiles sous lesquels elle demeure enveloppée.

Il est probable que les Woloffs sont venus de la partie nord-est de l'Afrique s'établir, à une époque très reculée, sur la côte occidentale. Mais qui pourrait suivre la genèse de cette tribu noire à travers les exodes de ces migrations?

L'Européen qui vit au milieu d'eux reste frappé d'étonnement en pénétrant leurs usages, qui se rapprochent beaucoup de nos mœurs féodales, tout en gardant un caractère essentiellement biblique.

Souvent aussi son esprit s'éveille, son imagination s'exalte à l'évocation d'une scène ou d'un souvenir lointain de la vie primitive, que les Woloffs reproduisent sans s'en douter.

J'étais sorti, ce soir-là, pour me promener dans la campagne. Le recueillement des bois, à cette heure du jour, avait des charmes profonds et doux; les bruissements du vent d'est à travers les feuilles de roniers et de cocotiers produisaient une symphonie pénétrante qui berçait mes rêveries. Le soleil couchant noyait dans de longues traînées purpurines les broussailles encore muettes; au-dessus des lianes en fleurs, des veuves [1] étendaient leurs ailes blanches, des folliotocols s'envolaient, semblables à des joyaux vivants, et, du fond des bois assoupis, des calaos faisaient entendre leur son de clairon.

Un cavalier noir surgit tout à coup dans le sentier et me salua :

« D'où viens-tu, Macodou Fall? lui dis-je en reconnaissant le fils du chef du village.

— C'est aujourd'hui la fête du Taleubone, répondit-il, et j'ai été à N'der inviter nos voisins à prendre part au grand tam-tam qui doit avoir lieu après la cérémonie. J'espère, mon blanc, que tu nous feras aussi le plaisir de venir y assister.

— Certainement, je n'y manquerai pas.

— *Diorédiof, barak. Allah!* Merci, Dieu soit loué! » fit-il, comme perdu dans ses réflexions.

Je le considérai un moment. Il était superbe à cheval; sa belle physionomie martiale rayonnait d'une audace tranquille et fière. Assis sur sa selle arabe, les genoux remontant presque à la hauteur de la croupe, la bride de cuir autour du cou, son grand mboubou flottant derrière lui, abritant dans ses plis son long fusil boucanier orné de coquillages, Macodou, immobile, avait vraiment l'air de faire partie de la bête qu'il montait. Impétueuse et frémissante, elle avait beau se trémousser, ronger son frein, qui lui déchirait le palais et lui déchirait la mâchoire comme un étau, le noir, de sa main de fer, la tenait clouée sur place. Soudain il se pencha en avant sur le cou de l'animal et lui enfonça dans les flancs la pointe de ses étriers carrés, en poussant un cri sauvage : *Touk!*

---

[1] Oiseaux sénégalais.

La cavale eut un frisson, releva un instant les naseaux pour aspirer les émanations brûlantes du vent d'est; son œil large et profond sonda d'un éclair la vaste étendue de la plaine, son jarret d'acier se tendit comme un ressort, et cheval et cavalier, emportés dans l'espace, disparurent à l'horizon. Je repris le chemin de Kelle après une heure de promenade.

La nuit était tombée, profonde et calme, sur ce coin d'Afrique perdu au loin dans les broussailles. La cadence régulière des pilons n'interrompait plus maintenant les bruits étranges, vagues et confus, qui s'élevaient par bouffées de la terre chaude. Sous les toits pointus des cases ouvertes on allumait des feux pour s'éclairer. A la lueur d'une flamme indécise, que ravivait un vieux marabout à l'air grave et ennuyé, une vingtaine de marmots tout nus épelaient en chœur des versets du Koran, tracés sur une planchette de bois arrondie. A l'abri d'un large toit de paille, les vieux du village devisaient en fumant leur pipe, tandis que les femmes, après avoir tout préparé pour la cérémonie, revêtaient avec satisfaction leurs pagnes les plus beaux et leurs pendals les plus bariolés. Elles s'étaient levées dès l'aube pour pétrir les petits pains ronds sans levain du Taleubone; et, assurées désormais d'avoir rempli tous leurs devoirs, elles commençaient à circuler autour des cases, affectant des poses alanguies et faisant traîner sur le sable leurs babouches marocaines, où elles n'enfonçaient que le bout du pied par coquetterie.

Des Maures, accroupis en cercle auprès de leurs tentes en poils de chameaux, jetaient au vent des notes étranges d'une voix basse et gutturale :

« Allah! Akbar, la Allah il Allah, Mamadou Raçoul Allah! Dieu est bon! Dieu est Dieu, et Mahomet est son prophète! »

Les mêmes mots se répétaient indéfiniment dans le silence de la nuit, dominés par les aboiements des chiens laobés, les glapissements des chacals suivis des hiènes, et les hurlements des fauves de toute espèce qui s'aventuraient déjà hors des fourrés.

Des chevaux attachés au sol par des entraves poussaient des hennissements plaintifs, tandis que des coqs lançaient encore leurs notes claires au milieu de l'effrayant concert.

Arrivé sur la grande place du village, j'y trouvai presque tous les noirs rassemblés pour faire leur salam en commun.

Des négresses apportèrent des calebasses d'eau, et ils com-

mencèrent silencieusement à se laver les pieds, les jambes et
les bras, puis ils se partagèrent en trois rangs, à la file, derrière le tamsir (grand marabout), qui entra seul dans un petit
espace carré clôturé d'une haie de paille.

Le marabout se tourna vers l'Orient, étendit les bras, et
tous, d'un geste automatique et spontané, exécutèrent au fur
et à mesure tous ses mouvements. Ils se mirent à genoux, bai-

Scène du soir.

sèrent par trois fois la terre et s'assirent ensuite sur leurs
talons.

« *Bissimilay! Ramany Reymi iakana i mbourou,* » disaient-
ils d'une voix émue.

Ils se turent un moment et prièrent en silence, puis bai-
sèrent sur le sable des lignes qu'ils venaient d'y tracer, cour-
bèrent l'index en l'agitant, appuyèrent la tête sur la paume de
la main et se mirent à méditer. Ils se passèrent enfin du sable
sur les cheveux, sur toute la longueur du poing au coude, se
levèrent encore, s'agenouillèrent; et tous leurs mouvements
faits en chœur, sous la nuit tombante, avec la grande majesté

orientale, donnaient à tous ces noirs, vêtus de mboubous blancs, une étrange physionomie.

Le salam terminé, on se disposa à fêter le Taleubone. Tous les enfants du village accoururent et s'organisèrent en procession par rang de taille, et moi je me mis derrière eux avec tous les étrangers qu'on avait invités. Les femmes vinrent se placer devant l'entrée de leurs cases, et, à mesure que nous avancions, elles nous distribuaient les petits pains ronds pétris par elles le matin. Les enfants les mangèrent aussitôt, puis entonnèrent en chœur, en claquant des mains, un cantique mystérieux :

« *Taleubone!* » chantaient-ils.

Et nous répétions après eux :

« *Allayoumeu!* Réjouissons-nous en Dieu! »
> « *Taleubone — allayoumeu!*
> *Taleu Taleubone — allayoumeu!*
> *Souniou Bay i Bay — allayoumeu!*
> *Souniou ndey i ndey — allayoumeu!*
> *Tileu niou dan nan — allayoumeu!*

« Il y avait jadis une source sacrée.

« Les pères de nos pères, les mères de nos mères allèrent souvent s'y abreuver. — Réjouissons-nous en Dieu! »

Les premiers mots de ce cantique n'appartiennent pas à la langue wolove ni à celle des peuples voisins. Nul d'entre eux, d'ailleurs, n'a jamais su me dire ce que signifiait ni quelle était l'origine de la traditionnelle cérémonie du Taleubone, et je restai rêveur, écoutant monter dans la nuit l'allayoumeu, me demandant si, par delà les âges, leurs pères et leurs mères n'avaient pas bu en effet à la fontaine du désert, quand le Seigneur dit à Moïse :

« Prenez entre vos mains la verge dont vous avez frappé le fleuve, et allez jusqu'à la pierre d'Horeb. »

Nous défilâmes ainsi longtemps, jusqu'à ce que la procession eût parcouru tout le village et débouchât de nouveau sur la grande place ensablée. Elle se disloqua alors lentement, et la cérémonie, dépouillant son caractère religieux, prit un cachet indigène essentiellement profane et troublant.

Les griots (musiciens maudits) s'étaient déjà réunis sous l'ombrage d'un grand tamarinier et préludaient, par des accords de *balafong* (instrument de musique indigène), à l'ouverture du tam-tam.

Chacun s'installa alentour, et l'on forma un vaste cercle, au milieu duquel la danse devait s'ouvrir.

La lune, cachée derrière un nuage, se leva comme pour prêter son flambeau à cette orgie nocturne, dont je suis obligé d'atténuer tous les détails.

Au premier rang du cercle, des fillettes, l'œil mutin, leur petite tresse terminée par une perle bleue ramenée sur le front, attendaient le signal pour commencer le claquement rythmique des mains qui devait accompagner la psalmodie. Derrière celles-ci, des jeunes filles, étincelantes sous les bijoux qui entouraient leur cou, leurs bras et leurs chevilles, jetaient des regards furtifs et tendres aux jeunes faros (élégants), qui se gonflaient dans leurs mboubous.

Un jeune homme de N'Der s'élança le premier et fit un simulacre de combat. Il se mit à pousser des cris aigus, monta toute la gamme du clavier humain, jeta les jambes, les bras, en avant, en arrière, se laissa tomber sur le sol en faisant entendre un bruit sec de mâchoires comme un coup de fusil, se releva, bondit en hurlant, menaça les spectateurs, dont la mélopée grandissante le grisait, et pendant plusieurs minutes se disloqua en fantastiques contorsions.

Un autre le suivit. Il imita le balancement d'une pirogue filant sous la brise; et ses poses mesurées, pleines d'abandon, faisaient ressortir son torse d'athlète d'une admirable proportion. Tout à coup il s'anima. On eût dit que toutes les voix de la mer grondaient autour de lui. Il sembla devenir le jouet de la tempête, se roula en poussant des cris de fauve et demeura enfin inerte d'épuisement.

Mais déjà un couple d'homme et de femme l'avait remplacé, et ils tournoyaient emportés par un délire qui, sous l'empire de l'hypnotisante mélopée, gagnait peu à peu tous les spectateurs.

Et chacun à tour de rôle s'élança dans le cercle infernal, jusqu'à ce que la fatigue eût vaincu les plus ardents. Alors le griot donna le signal d'un intermède d'un nouveau genre. Il s'avança déhanché, la bouche tordue dans un rictus, au milieu d'un cliquetis de cuivre qu'il faisait sonner sur lui; son buste élevé se raccourcit, rejeté en arrière, et près de la griotte, grimaçante et secouant ses grelots, il se mit à exécuter une danse macabre d'une fantastique originalité.

Et ce fut pendant un quart d'heure un flot de strophes inouïes, couvert par le tintamarre roulant du tam-tam, l'accompagnement rythmé et fou des femmes et des jeunes filles.

Et toujours, dans la nuit profonde, les hurlements des hyènes emplissaient l'horizon épouvanté.

La coiffure de Mme Baudino.

Ousman Diop était en train de raser gravement la tête de son fils avec un tesson de bouteille, quand je lui ordonnai d'appeler Mme Baudino pour servir le repas.

« *Vandal sokhla*. Il faut qu'elle se fasse retresser les cheveux, reprit-il sans s'émouvoir.

— Ah çà! m'écriai-je, est-ce qu'elle aussi se fait coiffer?

— *Arakain*, parfaitement, répondit-il; regarde. » Et du geste il me montra un groupe de trois femmes accroupies.

Je m'avançai. Une des négresses, la borom kat, tenait entre ses jambes la tête de Mme Baudino, étendue à plat ventre, et défaisait les tresses de ses cheveux avec une arête de poisson.

« Madame Baudino, que fais-tu là?

— *Défandank touti*, attends un peu, » murmura-t-elle d'une voix étouffée.

Je pris le parti de ne point me fâcher, et m'assis sur le sable à côté d'elle.

Après avoir défait les tresses une à une, l'artiste capillaire noire saisit des morceaux de jonc, enduisit les cheveux de suif et se mit à les enrouler soigneusement, tresse par tresse, autour de chaque jonc.

L'opération ne dura pas moins d'une heure. La coiffure terminée, Mme Baudino se releva, et je partis d'un grand éclat de rire. Ma cuisinière ainsi attiffée ressemblait à un porc-épic.

« Ne te moque pas de moi, fit-elle, tu verras quelles belles tresses j'aurai quand on m'aura enlevé mes *bant i diimbi* (mes bois à tresser). »

Et faisant sonner autour de sa taille les dix kilos de verroteries qui lui ceignaient les reins, Mme Baudino s'empressa de disposer sur mon comptoir la vaisselle d'étain, sur laquelle elle laissa l'empreinte brunie de ses dix doigts.

Le mariage de Behem Sis.

Behem Sis, mon maître de langue, est venu me confier très secrètement, l'autre jour, qu'il était devenu amoureux de Fatou, la sœur d'Ousman Diop, et qu'il voudrait bien la prendre pour femme. Il m'a chargé de faire des ouvertures à mon traitant, n'osant lui-même déclarer ses intentions à son beau-frère. J'ai accepté de me charger de cette délicate mission ; et comme Ousman se préparait avant-hier à se rendre au tam-tam :

« Ousman, lui dis-je, viens ici ; j'ai besoin de causer avec toi d'une affaire sérieuse. »

Nous nous sommes assis tous les deux sur le sable, à l'écart, derrière ma baraque, et Ousman, appuyant son menton sur son coude droit, m'a fait comprendre qu'il était prêt à m'écouter. J'ai toussé deux fois ; puis, traçant des ronds sur le sable avec le bout de ma cravache, j'ai commencé ainsi :

« Voici bientôt un an que Fatou a changé ses trois petites tresses de cheveux ornées de coquillages contre les longues tresses d'une jeune nubile. Elle est femme à présent. N'as-tu point encore songé à la marier ?

— *Mat a sey na kaïn*, parfaitement, elle est nubile, » a répliqué Ousman, puis il s'est tu.

« Ne lui connaîtrais-tu pas un mari ?

— *Det*, non.

— Que dirais-tu si je t'en proposais un ?

— Ma sœur est jolie, de bonne famille, et comme elle n'a plus son père, je suis son unique maître. Je ne la donnerai jamais en mariage qu'au fiancé dont la dot sera de six cents francs.

— Et si ton beau-frère, Behem Sis, te la demandait, que lui répondrais-tu ?

— Behem Sis !... Mais il n'est pas assez riche ; il ne pourra jamais me donner cette somme.

— Behem Sis est cependant un travailleur. Je suis content de lui. Il a actuellement quelques économies ; il s'engagerait de plus à t'abandonner ses gages pendant toute la durée de la traite. Comme Mme Baudino a besoin d'une aide pour laver ma vaisselle et mon linge, je pourrai prendre Fatou à mon service. »

Il y eut un moment de silence.

« Mon blanc, l'offre de Behem Sis me paraît acceptable; mais je ne puis rien te répondre définitivement avant d'avoir consulté les vieillards.

— C'est bien, nous reparlerons du mariage une autre fois. »

Nous nous levâmes, et tandis qu'Ousman s'éloignait rêveur, je rendis compte de ma mission à Behem Sis. Le jour suivant je m'aperçus que Fatou devenait plus coquette; elle vint même m'acheter un petit *sétal* (miroir), dont je m'empressai de lui faire cadeau.

Le soir même, Ousman m'apprit que la demande de Behem Sis était acceptée, et qu'on ferait en famille le *taka diabar*, c'est-à-dire la cérémonie de dotation de la fiancée. En effet, vers cinq heures, la famille d'Ousman, ses alliés, amis, et les vieillards de Kelle, se réunirent à l'ombre d'un fromager.

Behem Sis avait amené, de son côté, ses amis et moi pour faire solennellement sa demande.

« Qu'apportes-tu en dot? » demanda le tamsir.

Behem Sis déplia un morceau d'étoffe et déposa vingt gourdes (cent francs) aux pieds du marabout.

Celui-ci compta les gourdes l'une après l'autre et fit d'abord deux parts, mit la première de côté et divisa l'autre en trois autres parties : l'une pour la *seyt* (la fiancée), l'autre pour les parents et amis, et la troisième pour les marabouts qui présidaient la cérémonie.

« As-tu autre chose à donner? » ajouta le tamsir.

Behem Sis fit avancer un noir qui portait dans ses mains deux mboubous, trois pagnes, un pendal et deux bracelets.

« Je payerai le restant de la somme à la fin de la traite, fit-il.

— *San sédé?* Quel témoignage en donnes-tu? répliqua le marabout.

— Celui de mon blanc, dit le fiancé.

— Voici mon *san* (ce qu'on donne en plus de la dot de la fiancée), ajoutai-je en remettant au marabout trois mouchoirs de soie rouge.

— Ousman t'accorde Fatou, » conclut alors le tamsir.

Deux jours après, Behem Sis se présentait avec ses amis à la case de Fatou. Il y fut reçu par les négresses et Ousman Diop, qui firent le simulacre de le renvoyer en l'injuriant. Mais le fiancé passa outre, et franchit d'un bond le seuil de la case. Fatou apparut vêtue d'un grand mboubou de mousseline blanche, ornée de tous ses atours et coiffée d'un *ndépa* (bandeau dont les femmes s'entourent le sommet de la tête pour le mariage). Behem Sis poussa un cri de triomphe, souleva la fiancée tremblante dans ses bras robustes, et l'emporta au milieu d'un concert d'invectives dans la nouvelle case de l'époux.

Samba Laobé.

Je devisai un soir avec les anciens du village de Kelle, à l'ombre d'un grand tamarinier. Tout à coup des cavaliers débouchent sur la place et s'avancent vers nous; ils portent un long fusil sur l'épaule et le sabre au côté.

« *Ana toubab bi ?* Où est le blanc? dit l'un d'eux.

— *Mangui,* c'est moi. »

Alors ils m'annoncent que le roi du Cayor, le damel Samba Laobé, s'avance avec ses guerriers et qu'il vient me rendre visite.

« Qu'il soit le bienvenu. »

Et les cavaliers s'éloignent à toute bride.

Ce fut un grand émoi. Les vieux serignes [1] s'étaient levés en toute hâte, et je me disposai à recevoir dignement le damel.

Un cavalier franchit au galop la haie qui clôturait mon terrain et s'arrêta devant ma porte. C'était Demba War, le généralissime de l'armée du damel, l'esclave de la couronne le plus influent et le plus intrépide. Malgré son attirail guerrier, ses cicatrices que dissimulait un grand turban de guinée [2] bleu, Demba War avait une figure plus douce que méchante, plus rusée que martiale.

« *Damel angui!* Voici le roi! » cria-t-il.

Et d'un geste il montrait une centaine d'hommes à cheval qui arrivaient vers nous au petit trot.

En tête, cinq griots [3] ouvraient la marche, jouant du *ckralam* [4] et chantant les louanges du damel, tandis que deux autres les accompagnaient en frappant du tam-tam. Le groupe se divisa

---

[1] Marabouts.
[2] Cotonnade de l'Inde.
[3] Musiciens appartenant à la caste des maudits.
[4] Sorte de guitare.

à la clôture et pénétra chez moi en formant deux files de pelotons. Au centre marchait le damel entouré de son état-major. On pouvait le reconnaître entre tous à sa très haute stature, son turban vert et ses gris-gris[1]. Derrière lui, deux ou trois cents *tiédo*[2] suivaient l'allure des cavaliers, tenant par le canon leurs longs fusils ornés de coquillages.

Je m'avançai vers Samba Laobé, qui mit pied à terre, me tendit la main, puis la porta selon l'usage à son cœur et à son front.

Je priai le damel de s'asseoir devant une table où j'avais fait servir une collation. Sa garde d'honneur à cheval se rangea autour de nous, tandis que ses tiédo, immobiles, se tenaient debout l'arme au pied.

Samba Laobé, neveu du fameux Lat-Dior, notre implacable ennemi, s'était réconcilié avec la France en même temps que son oncle, et lui avait été adjoint comme damel. A la fin de décembre 1882, quand on voulut commencer le tracé de la ligne du chemin de fer projeté de Dakar à Saint-Louis, ils s'opposèrent vivement aux travaux, se révoltèrent et furent destitués.

Amady Ngoué Fall II fut créé damel à leur place. Samba Laobé fit un appel aux armes, marcha contre nous; mais, poursuivi par le commandant Dodds et acculé au fond du Cayor, il fut obligé de capituler. Peu de temps après, de nouvelles dissensions éclatèrent; Amady Ngoué, trouvé trop faible pour ces remuantes populations, fut renversé à son tour. Samba Laobé, auquel on avait permis de vivre en simple particulier, se porta contre Lat-Dior, son ancien associé au trône, le pourchassa jusque dans le Djoloff[3], traita avec la France, s'engagea à permettre la continuation de la voie ferrée, et fut pour la seconde fois investi du titre de damel. Le Cayor jouissait d'une paix relative quand, au mois de mai de cette même année 1886, il attaqua le bour ou roi du Djoloff et fut vaincu par lui.

Samba Laobé était un homme dont la taille dépassait deux mètres de haut. Il avait une figure noble et vraiment royale, et jouissait auprès des noirs d'une réputation de bravoure incomparable. Élevé au milieu des guerres continuelles qui avaient désolé son pays depuis vingt-cinq ans, il avait pris l'épée tout jeune encore, et avait été le héros de toutes les batailles qui

---

[1] Amulettes.
[2] Guerriers du Cayor.
[3] Royaume de la Sénégambie.

signalèrent les règnes successifs de Macodou, de Madiodio et de Lat-Dior.

Nous causâmes longtemps de questions indifférentes. Samba Laobé semblait soucieux, et peu à peu notre conversation prit une tournure politique. Il m'expliqua que le gouvernement de Saint-Louis venait de lui susciter des embarras financiers à la suite de sa dernière guerre, et que ces embarras ne pouvaient qu'affaiblir nos bons rapports.

« Mais pourquoi donc, lui dis-je, as-tu entrepris cette guerre malheureuse contre le bour (roi) du Djoloff? »

Une flamme passa dans les yeux du damel.

« Aly Boury N'Diaye m'a insulté gravement, fit-il, et vous autres blancs, vous ne pouvez comprendre mes raisons. Eh quoi! poursuivit-il en s'animant, il lui aura été permis de répudier ma sœur, de me la renvoyer insolemment et de ne pas même me rendre sa dot, selon l'usage antique, sans que j'aie cherché à protester? Un simple diambour aurait vengé cette offense dans le sang, et tu veux que moi, un damel dont les aïeux ont régné depuis un temps immémorial sur le Cayor, je n'aie pas essayé de tirer une vengeance éclatante d'une pareille perfidie?

— Tu aurais dû, repris-je, consulter le gouverneur avant d'entreprendre cette guerre.

— Et que me fait à moi votre gouverneur! s'écria-t-il. Il ne connaît pas nos coutumes. Crois-tu, parce qu'il est ici depuis quelques mois à peine, qu'il peut apprécier les motifs qui me font agir et qu'il soit comme moi sensible aux outrages faits à ma maison? On nous envoie, à tout instant, pour maîtres des étrangers, qu'on s'empresse de rappeler à Touguel [1] dès qu'ils se sont mis au courant des mœurs de nos pays. Quelle influence peuvent-ils avoir sur nous? Pourquoi s'interposeraient-ils dans nos querelles de famille, auxquelles ils ne comprennent pas le premier mot? J'ai été vaincu, c'est vrai, par Aly Boury; mais tous les Woloffs t'assureront que le droit était de mon côté.

— On m'a raconté, lui dis-je, que tu avais lutté corps à corps contre le bour [2] lui-même.

— On ne t'a pas trompé, répondit-il. C'est à lui seul que j'en voulais; c'est lui que j'ai été chercher parmi ses hommes. Je me suis frayé jusqu'à sa personne un passage sanglant à tra-

---

[1] En France.
[2] Roi.

vers ses guerriers. Je l'ai même frappé, et certes il serait tombé sous mes coups si ses soldats n'avaient fini par le dégager. Pendant que nous luttions ensemble, on a fait courir le bruit de ma mort, et mes tiédo épouvantés ont fini par lâcher pied. »

Et comme je le regardais fixement :

« Peut-être as-tu pu croire que j'avais pris la fuite à mon tour. Il n'en est rien. J'ai été enveloppé dans un groupe de fuyards que je cherchai en vain à rallier, et entraîné ainsi avec eux jusqu'à proximité d'un poste français [1].

.— Comment payeras-tu l'amende de vingt mille francs que le gouvernement t'a imposée dans cette occasion au profit d'Aly Boury N'Diaye ? »

La figure de Samba Laobé s'assombrit ; ses traits se contractèrent. D'un geste brusque il mit la main à son épée :

« J'y pourvoirai, dit-il, et Yallah avec moi ! »

La nuit survint. Samba Laobé donna le signal du départ, monta à cheval, et suivi de tous ses tiédo, qui couraient à pied derrière lui, il s'élança au galop et disparut bientôt à l'horizon. . . . .

Entre Kelle et N'Guiguis, antique résidence des damels du Cayor, dans une vaste plaine coupée çà et là de hauts roniers [2] qui profilent au loin leur maigre silhouette, il est un puits où les femmes des deux villages voisins viennent puiser l'eau dans leurs outres de cuir. Quand les feux brûlants du soleil commencent à s'amortir, que l'on perçoit confusément des hurlements de hyènes dans le lointain embroussaillé, une procession de femmes et de jeunes filles, la taille cambrée, les bras ployés en arc, supportant de grandes calebasses, défile silencieusement avec des poses nonchalantes et abandonnées.

Autour du puits sans margelle, creusé à vingt mètres dans le sable, et que l'on prendrait pour un trou profond, elles s'accroupissent muettes, attendant chacune que leur tour soit venu. La longue corde au bout de laquelle l'outre est suspendue glisse entre deux rameaux desséchés, qui forment les parois de l'étroit orifice. On entend un bruit sec, le claquement de l'eau crevée; puis l'outre remonte, ramenée par un poignet vigoureux qui fait cingler la corde. Les calebasses s'emplissent alentour d'une eau saumâtre et sablonneuse, puis les femmes les chargent d'une torsion de reins. La nuit tombe, et la brousse

[1] La gare de Kelle.
[2] Variété du palmier.

entière se réveille avec des hurlements qui se rapprochent, dominés par la voix religieusement émue des marabouts prosternés pour le salam [1].

Parfois de longues caravanes, qui se rendent au comptoir de Kelle, font halte un moment pour s'abreuver. Alors les environs du puits prennent une animation extraordinaire ; les femmes présentent leurs calebasses aux chameliers altérés, évoquant à leur insu de bibliques souvenirs. . . . . . .

Quelque temps après la visite de Semba Laobé, je me rendis au puits dans un but de promenade. Je fus très étonné d'y rencontrer Demba War et deux de ses hommes, qui s'étaient arrêtés là pour faire boire leurs chevaux. Son air mystérieux, son embarras, ses réticences me donnèrent à comprendre que le damel tramait quelque hostile projet.

« Demba, lui dis-je, je crois que Samba Laobé n'a plus pour nous ses intentions bienveillantes d'autrefois. J'ai entendu formuler des plaintes par plusieurs traitants, auxquels il veut faire payer une patente pour commercer dans le Cayor. Des caravanes ont eu des difficultés avec ses alkati [2] à propos du koubeul [3]. On veut lui faire éluder ses promesses au sujet du chemin de fer de Dakar à Saint-Louis, en lui insinuant qu'il est indigne d'un damel d'être sous la tutelle des Français. Samba Laobé ne doit pas oublier pourtant que c'est la France qui l'a reconnu damel. Il lui a donc des obligations qu'il ne saurait méconnaître sans ingratitude. »

Demba m'enveloppa d'un regard clair et investigateur, où perçait de l'approbation et de l'ironie :

« Tu parles bien, répondit-il, mais tu parles comme un blanc. Je ne sais rien des projets du damel ; ce que je puis te dire, c'est que Samba Laobé est gélovar, c'est-à-dire de race royale ; qu'il a toujours été habitué à commander, jamais à obéir. Les Français lui ont fait don du Cayor, mais ils oublient qu'avant eux Allah le lui avait donné. Il y a un proverbe woloff qui dit : « *Lou may giro'k yov, di la may mon fal ko ba tia ndep la ngen* « *bok.* Si un homme s'empare de ta nourriture pour te la donner ensuite, ne ferait-il pas mieux de te la laisser dans le plat où vous mangiez ensemble ? » Vous nous donnez ce qui nous appartient, et vous voulez nous obliger à la reconnaissance ! Avant que vous veniez vous établir sur nos terres, sous le pré-

[1] Prière.
[2] Chefs de villages, percepteurs d'impôts.
[3] Impôt des caravanes.

texte de nous civiliser, ne vivions-nous pas libres et heureux ?
Qu'avez-vous apporté avec vous ? Le luxe. Mais qu'avions-nous
besoin de luxe, nous qui vivions d'une poignée de riz ou de
maïs récoltés dans nos longans [1] ? Que nous avez-vous appris ?
A mépriser le Koran et à boire du sangara [2]. Vous nous vantez
vos mœurs, vos lois, vos habitudes, et vous n'avez ni religion
ni tempérance, et votre loi est celle du plus fort. Les lumières
que vous prétendez répandre sur nous ne sont qu'un prétexte
pour nous asservir. »

Puis, me tendant la main, il me dit d'un ton sentencieux :
« *Yal na nou yalla may nou giseti ti adouna.* Que Dieu
nous fasse la grâce de nous revoir en ce monde. » Et il partit.

Un mois après cette conversation je me trouvai à Tivavouane,
où j'avais été faire l'inventaire d'un de nos traitants. Cette
escale, si mouvementée d'ordinaire par le grand trafic de la
traite, semblait saisie d'une inquiétude vague, indéterminée,
qui se manifestait par des conversations à voix basse et des
palabres [3] en plein soleil. Le bruit s'accréditait que Samba
Laobé venait de rompre officiellement avec le gouvernement
de Saint-Louis. Des noirs, venus de l'intérieur et molestés par
lui, affirmèrent qu'il marchait sur Tivavouane, en vue d'exi-
ger le payement immédiat d'une patente extraordinaire, de
rançonner tout le pays et de nous enlever le droit convenu par
les traités de nous établir dans un rayon de cinq cents mètres
au delà de la voie du chemin de fer. Des caravanes entrèrent
dans le village; mais elles ne tardèrent pas, après information,
à s'éloigner précipitamment. Nous passâmes la nuit dans une
mortelle inquiétude, anxieux de voir arriver le jour et redou-
tant ce qu'il nous préparait. Quelques-uns de nos noirs étaient
suspects, et nous nous demandions, en cas d'attaque, s'ils em-
brasseraient notre parti ou celui du damel. Nos craintes étaient
d'autant plus fondées, qu'on pouvait par malveillance mettre
le feu aux barils de poudre que nous possédions en quantité
dans nos magasins.

L'aube parut. La terreur planait sur Tivavouane. Le damel
fit son entrée au petit jour dans le village, escorté de cent cinquante tiédo. Les traitants résolurent de lui demander un pa-
labre, auquel il consentit. Vers deux heures, ils pénétrèrent
dans une case où devait avoir lieu l'entrevue. Samba Laobé

---

[1] Champs.
[2] Eau-de-vie mélangée de poivre et de piment.
[3] Conférences.

était couché sur une natte de jonc, au milieu de ses hommes, armés jusqu'aux dents, le doigt sur la gâchette de leur long fusil, prêts à faire feu au premier signal. Deux esclaves maures soutenaient sa tête hautaine ; à ses pieds, un griot promenait négligemment ses doigts sur son ckralam. Les traitants font leur entrée dignement, sans armes, impassibles au milieu des fusils braqués.

« Damel, dit l'un de nous, un traitant de Rufisque, notre porte-parole, nous nous sommes réunis pour savoir de toi quelles sont tes intentions. On raconte qu'en dépit des derniers traités passés avec la France, tu prétends disposer de nos terrains à ta fantaisie, rançonner nos caravanes et prélever sur nous des redevances que nous avons déjà payées à notre gouvernement.

— Vous êtes chez moi, s'écrie le damel en se levant à demi sur le coude droit. Je ne relève de personne, et j'ai le droit dans mon royaume de vous imposer mes volontés. Vous et le Borom N'Dar [1], vous n'êtes que des mercenaires ou des esclaves ! »

En ce moment un de nos noirs apporte une caisse de limonade, que les traitants ont destinée au rafraîchissement du damel. Il la refuse avec hauteur.

« J'observe, dit-il, le jeûne du Kori [2], et d'ailleurs je n'ai rien à recevoir de vous.

— Samba, reprit alors celui qui l'avait le premier interpellé, non content de ne pas nous donner d'explication, tu cherches à nous outrager. Nous sommes dans tes mains, et tu te permets de nous insulter ! Qu'un griot maudit ou qu'un de tes tiédo ivre de sangara nous eût parlé ainsi, je l'aurais peut-être compris ; mais que toi, un damel, dont les cicatrices attestent la haute valeur dans les batailles, tu sois assez lâche pour nous traiter de mercenaires et d'esclaves parce que nous sommes à ta merci, voilà ce que nous ne comprenons pas. Il n'y a ici de mercenaire que toi, et encore tu n'es qu'un mercenaire infidèle, puisque tu ne tiens pas tes promesses. »

Un éclair de colère et d'indignation passe dans les yeux du damel. Il se dresse debout de toute sa hauteur, et d'un geste de mépris superbe :

« J'ai pitié de vous, s'écrie-t-il, sortez d'ici ! »

---

[1] Gouverneur de Saint-Louis.
[2] Ou Ramadan (jeûne des mahométans).

Les traitants vont se retirer, quand soudain le bruit d'un galop de chevaux retentit au dehors. C'est un détachement de vingt-cinq spahis ralliés à N'Dand et envoyés en toute hâte par le gouverneur. La petite troupe, sous les ordres du capitaine d'infanterie de marine Spitzer et du sous-lieutenant de spahis Chauvet, fait halte à quelques pas de la case d'où venons de sortir. Le capitaine met pied à terre, et en peu de mots on lui fait part de la situation. Spitzer n'hésite pas ; il jette à un noir la bride de son cheval et pénètre dans la case de Samba Laobé, la cravache à la main. Le damel l'accueille avec un suprême dédain :

« *Tedeul ckroulo*, dit-il, *sou am nga borom ti N'Dar, damel la i Cayor yépe*. Il est inutile de discuter si tu as un maître à Saint-Louis, je suis le roi de tout le Cayor. Tivavouane et tout le pays m'a été légué par mes pères, et je n'ai que faire de ton intervention. Nous avons assez des blancs et de leur chemin de fer qui écrase nos troupeaux [1].

— Que signifie ce langage ? s'écrie le capitaine ; tu viens de violenter nos traitants, et tu oses encore m'offenser ! »

Puis tirant froidement sa montre :

« Il est trois heures, dit-il, au nom du gouvernement français, je te somme de sortir immédiatement de Tivavouane. Si dans une heure tu n'as pas évacué son territoire, je te fais charger par mes spahis qui attendent à la porte. »

Et, promenant un regard tranquille sur les fusils braqués sur lui, il en écarte les canons et sort de la case en les laissant tous stupéfaits.

Il est quatre heures de l'après-midi, le soleil resplendit encore au fond de l'horizon ; Samba Laobé, à cheval, à une portée de balles, au milieu de ses guerriers, semble se concerter avec eux. Autour de nous on chuchote que tous ses tiédo, disséminés dans les villages environnants, s'avancent pour nous cerner.

Spitzer regarde sa montre, le délai est expiré. Il appelle un spahi noir de haute taille, à la figure mâle et balafrée :

« Va trouver le damel, dit-il, fais-lui savoir que je désire parler une dernière fois avec lui, et s'il refuse, dis-lui que je n'ai qu'une parole, qu'il se retire sur-le-champ.

— *Barr na !* C'est bon, capitaine, » et le spahi pique des deux.

---

[1] Un troupeau de bœufs avait été écrasé quelques jours auparavant par le chemin de fer.

Il arrive droit au damel et lui fait part de sa mission.

« Je n'ai pas d'ordre à recevoir d'un esclave [1] comme toi, » répond Samba.

Le spahi met pied à terre, hésite un moment à profaner la haute dignité du damel; puis, se ravisant, il saisit la bride de son cheval :

« J'ai ordre de te ramener mort ou vif, dit-il, suis-moi.

— Lâche le damel ou tu es mort, lui crie un des tiédo.

— J'ai pour consigne de mourir, » reprend le noir sans lâcher la bride.

Un tiédo abaisse son fusil, le coup part et atteint le spahi.

« A moi ! Vive la France ! » crie le héros, puis il tourne sur lui-même et s'affaisse sur le sol.

Le maréchal des logis, Bégny, accourt. Samba Laobé tire sur lui et le manque. Alors le damel et tous ses hommes prennent la fuite et se débandent. Spitzer se dresse sur ses étriers :

« Sabre au poing ! Chargez ! » commande-t-il, et dans un tourbillon de poussière Chauvet et ses spahis se précipitent au galop.

Derrière de hauts champs de mil ils disparaissent un moment, puis on distingue bientôt à l'horizon lointain leurs dolmans écarlates qui flamboient au soleil. On poursuit les fuyards l'épée dans les reins en une course échevelée. Chauvet, monté sur un excellent cheval, ne tarde pas à devancer ses hommes. Son but est d'atteindre Samba Laobé, qui cherche à l'attirer dans le village de N'Doukoumane, où ses noirs ont organisé un véritable guet-apens. Il s'y engage à sa suite. Des tiédo embusqués derrière des tapades [2] font feu simultanément sur lui. Un nuage de poussière et de fumée obscurcit l'air, se dissipe, et le lieutenant sain et sauf passe comme un coup de vent à travers les balles, franchit les haies d'euphorbes, les fagots d'épines qu'on a accumulés pour arrêter son élan. Bégny et le spahi Boubakar Mamadou abattent deux noirs qui veulent leur barrer la route.

La chasse continue, furieuse, haletante, pendant plus de vingt minutes, jusqu'au moment où le cheval de Samba Laobé, épuisé de fatigue, ralentit sa course. Alors, avec un cri de triomphe, Chauvet, l'épée haute, fond sur le damel.

A ce moment, Aly Touré, l'un des hommes du lieutenant,

---

[1] Les soldats indigènes sont la plupart du temps des esclaves rachetés qui doivent un temps déterminé de service dans nos rangs.

[2] Clôture de paille qui sépare les cases.

arrive ventre à terre, rejoint Chauvet, s'élance entre lui et le damel, et porte à ce dernier un furieux coup de sabre; mais celui-ci saisit un des trois fusils dont il est armé et le décharge à bout portant dans la poitrine du noir. Aly, blessé à mort, revient encore sur Samba Laobé, lève son sabre une dernière fois, ouvre les bras, perd ses étriers et tombe raide mort au milieu des broussailles.

« Rends-toi! » crie Chauvet.

Brusquement le damel fait volte-face et tire sur le lieutenant un second coup de fusil; de la pointe de son sabre celui-ci détourne le canon, et le coup part en l'air en trouant son casque de liège blanc. Samba Laobé jette alors une arme désormais inutile, saisit son épée sans poignée et en assène un coup terrible à Chauvet, qui l'évite par une parade heureuse et a seulement sa vareuse déchirée. Le combat dure encore dix minutes et reste indécis. Enfin, Chauvet enfonce son sabre dans le poitrail du cheval du damel. L'animal se cabre, puis s'abat en entraînant son cavalier; mais déjà Samba Laobé est debout, et d'un furieux coup d'épée il laboure les flancs du cheval du lieutenant et lui fait à lui-même une blessure à la cuisse. Chauvet riposte, lui fend le visage, lui coupe trois doigts de la main droite, et le roi lâche son épée.

Malgré le sang qui l'aveugle, le damel a pu ressaisir à terre son troisième fusil déchargé et le brandit par le canon avec l'énergie du désespoir. Une lutte s'engage entre l'officier à cheval et le roi terrassé. Le spahi Oumar N'Diaye accourt au galop pour prêter main forte à son lieutenant.

« Tire donc, animal, tire donc! » lui crie Chauvet en enfonçant son sabre dans la poitrine de Samba Laobé.

Le noir met en joue le damel et fait feu. Celui-ci raidit le poing, et se couvrant le visage dans un mouvement de suprême majesté :

« *Do gisi dé béne damel,* tu ne verras pas mourir un damel, » dit-il, et, sous son mboubou[1] ensanglanté, il s'affaisse sans pousser un cri.

En voyant tomber leur chef, les autres noirs qui venaient à son secours se dispersent, et, quand le reste du peloton rejoint Chauvet, le combat était fini. On charge sur deux chevaux le cadavre de Samba Laobé, et l'on reprend à petits pas le chemin de Tivavouane.

---

[1] Manteau en forme de chemise flottante.

Sur la grande place du village, on a exposé publiquement le corps, afin que chacun pût reconnaître son identité. Il est là, gisant au milieu d'une mare de sang, et, tandis qu'à l'horizon le soleil disparaît dans une traînée de pourpre, hommes, femmes, enfants, qui avaient cru jusque-là leur damel invulnérable à cause de ses nombreux gris-gris, s'approchent lentement et poussent de lamentables bissimilay[1] !

On vient de prendre des dispositions en cas d'attaque. Il est possible, en effet, que les tiédo reviennent à la charge pendant la nuit pour venger Samba Laobé et reprendre son corps. On distribue aux noirs sur lesquels on peut compter de la poudre et des fusils à pierre. Des postes nombreux sont organisés autour de Tivavouane, et des patrouilles commencent à circuler.

La nuit tombe tout à coup, sans crépuscule, pleine d'effroi et de mystère. Auprès de chaque poste on allume de grands feux. Des chiens sauvages jaunes[2] qui gardent le village mêlent leurs aboiements lugubres aux hurlements des hyènes, que l'odeur du sang a attirées. Parfois de grands silences se font au milieu de cette obscurité, silences effrayants, coupés par les rondes armées qui crient le mot de passe. De temps en temps un coup de feu donne l'alarme. On dresse l'oreille, et l'on reste de longues heures à écouter le vent, à sonder les ténèbres, à interroger la plaine endormie. Des feuilles bruissent. Qui vive? Et des chacals ou des hyènes s'enfuient épouvantés.

Au milieu de la nuit, le cadavre de Samba Laobé est enfin cousu dans un sac d'arachides. Il va partir sous bonne escorte pour être enterré dans le poste de Thiès, afin que les noirs ne puissent mettre en doute la mort de celui qui fut leur roi.

Ainsi finit le dernier damel du Cayor. C'était écrit!

N'Dand.

J'ai accompagné hier mon ami M***. Il allait visiter un petit comptoir qu'il a fondé à N'Dand. Nous sommes partis à cheval, en faisant de longs détours dans la campagne. Çà et là nous levions des biches, des cailles, des pintades et des faisans gris, et nous nous enfoncions parfois dans des fourrés si impé-

---

[1] Exclamation d'étonnement ou de pitié.
[2] On les nomme chiens laobés.

nétrables, qu'il fallait rebrousser chemin et chercher ailleurs une issue. Nous allions heureux, sans faire attention aux lianes qui cinglaient nos figures. C'était une après-midi sereine, pleine de senteurs enivrantes que nous apportait le vent d'est en chaudes émanations. Depuis bien longtemps nous n'avions l'un et l'autre ressenti autant de joie. Des bengalis mettaient des points d'or sur les broussailles. Des toucans caquetaient, et des cardinaux faisaient des taches rouges sur les palmiers verts. M*** chantait de vieux refrains de marche, et je lui répondais. Nos voix mêlées ensemble faisaient tressaillir les bois et se répercutaient à l'infini. De temps en temps nous nous mettions côte à côte, nos chevaux s'arrêtaient et se mettaient à brouter ; puis soudain, sans crier gare, M*** allongeait malicieusement un coup de cravache à ma monture et mettait la sienne au galop. Il ne tardait pas à disparaître sous les hautes herbes, s'égarait à dessein et s'amusait ainsi à se faire chercher.

Après avoir perdu beaucoup de temps en courses folles, nous finîmes par nous rapprocher de N'Dand. Nous avancions lentement, inspectant les lieux avec curiosité. Nous traversâmes le plateau sur lequel se faisait la cérémonie de l'intronisation des rois ou damels. Plus loin, M*** me montra une clairière qui avait été le théâtre d'une bataille mémorable. Il y a quelques années, le gouverneur de Saint-Louis avait déposé Lat-Dior, dont les tiédo accomplissaient des brigandages, et Madiodo avait été nommé damel à sa place. Lat-Dioz se souleva et vint ici présenter la bataille à son compétiteur. Ce dernier réclama l'assistance de la petite garnison du blockhaus de N'Guiguis, qui marcha contre le rebelle sous les ordres des capitaines Lorrans et Chevrel et de l'adjudant Guichard. Lat-Dioz avait des troupes dix fois plus nombreuses que les nôtres, et, malgré des prodiges de bravoure, nos soldats furent bientôt enveloppés par sa nombreuse cavalerie. Ils préférèrent se laisser tous massacrer plutôt que de reculer d'un pas. Ils étaient partis cent quarante de N'Guiguis ; douze spahis seulement regagnèrent le blockhaus, mais l'honneur du drapeau restait intact, et Madiodio était sauvé. On parle beaucoup en Europe de combats ou d'engagements fameux. La littérature et les arts se sont plu à en immortaliser le souvenir. Et ces hommes, qui ont déployé un héroïsme égal à des milliers de lieues de leur pays, qui sont tombés l'épée à la main dans la brousse pour défendre des intérêts inconnus de la plupart de nous,

nul ne sait même leurs noms, et l'oubli enveloppe à jamais
leur mémoire, comme le sable du désert enfouit leurs cadavres
abandonnés. Ils furent grands les fantassins, les tirailleurs et
les spahis de N'Dand, aussi grands certes que les héros antiques ; et en foulant cette terre arrosée de leur généreux sang,
nous nous sentions tous deux, à notre insu, saisis d'un saint
respect. M*** n'admettait pas longtemps les pensées sombres,
et pour couper court à mes dissertations il mit son cheval au
galop. Je le suivis en faisant crochet pour le rejoindre. Brusquement mon cheval s'arrêta net et fit volte-face. Je regardai
à mes pieds, et j'aperçus à deux pas, au ras du sol, un immense
trou béant. C'était le puits de N'Dand, le plus grand et le plus
beau de tout le Cayor. Il a sept mètres de diamètre sur quarante de profondeur, sans que ses parois soient revêtues de
maçonnerie. Son orifice est garni d'un clayonnage en branches
d'arbre. Je restai un moment saisi de stupeur à l'idée que
j'avais failli disparaître dans ce gouffre. M*** riait de mon effroi
et voulut à toute force en faire le tour à cheval avec moi ; puis
nous nous dirigeâmes vers le village, perdu au milieu d'une forêt
de roniers. Le soleil déclinait à l'horizon. La paix des grandes
solitudes s'étendait au loin sur les bois muets. Jamais peut-être
encore je ne l'avais trouvée aussi saisissante, et je m'en laissai
pénétrer, abandonnant mon âme à ses charmes mystérieux.
M*** n'était pas, lui, un homme mélancolique. Il se fit apporter un litre d'absinthe, en emplit un verre, y versa quelques
gouttes d'eau et le vida d'un trait. Après nous être reposés un
instant, nous allâmes faire un tour à pied dans les environs,
tandis que Koumba, la femme de son noir Maliek, nous apprê-
tait une poule au riz.

Une heure après, nous nous étendions délicieusement sur
le sable et prenions notre repas. Il avait été décidé que nous
coucherions à N'Dand et n'en repartirions qu'au point du
jour. M*** était plus gai que de coutume, et sa joie bruyante,
expansive, mettait une note singulière, presque choquante, à
ce calme solennel qui nous environnait. Tout à coup une
épouvantable détonation ébranla les échos. Nous fûmes tous
deux sur pied en un moment, ne sachant encore que penser,
ne comprenant pas. Une lueur subite parut du côté de Kelle,
grandit et envahit peu à peu l'horizon.

« C'est une de nos baraques qui flambe, cria M***, et ce
sont des barils de poudre de nos magasins qui viennent de
faire explosion. »

Deux nouvelles détonations éclatèrent simultanément, suivies de plusieurs autres, tandis que des flammes très hautes montaient dans le ciel embrasé. Sans même nous consulter, nous eûmes la même idée : il faut partir. M*** était très pâle, car il avait placé toutes ses économies sur son comptoir de Kelle. Il s'était affranchi de la tutelle des négociants et traitait pour son propre compte avec les caravanes. Seller nos chevaux, sauter et partir au galop fut l'affaire d'un instant. Malgré la nuit, qui était tombée profonde, les lueurs des flammes nous guidaient. Ce fut une effrayante chevauchée. La plaine frissonnait de toutes parts de hurlements lugubres. Un concert fantastique s'élevait maintenant de tous les coins de cette terre, qui semblait avoir vomi toutes les bêtes de la création ; tous les grands carnassiers, tous les grands fauves rugissaient en chœur, emplissaient de leurs voix terribles les ténèbres pleines d'horreur, et la sonorité des vastes solitudes exagérait encore à l'infini l'épouvante de ces dangers qu'on ne voyait pas. Des lianes nous barraient la route ; mais nos coursiers, pressés de l'éperon et emballés de terreur, fuyaient avec une vertigineuse rapidité. Je faillis plusieurs fois être désarçonné. Un cri rauque éclata près de moi. Mon cheval fit un écart, puis un bond. Je perdis mes étriers, une branche d'épines me laboura le visage, le sang jaillit, j'abandonnai les rênes, je me penchai sur l'encolure de mon cheval, et, me cramponnant à sa crinière, je me laissai emporter par lui dans la direction de Kelle en une course échevelée.

Enfin, après vingt minutes d'un galop effréné, nous arrivâmes au lieu du sinistre.

C'était bien une de nos baraques, celle de M***, qui brûlait. Tout le village s'était rendu là comme pour une fête et regardait l'incendie sans s'émouvoir, le laissant même se communiquer aux broussailles d'alentour. Il n'y avait pas eu d'accident, car la boutique était isolée des autres ; mais tout était perdu, calciné, c'était la ruine complète pour M***.

En nous voyant arriver, les noirs s'écartèrent en criant : « Voici les blancs ! »

M*** sauta de son cheval, qui s'abattit sur le sable, considéra un instant le feu qui s'éteignait ; puis il eut un rire strident, tira sa pipe de la poche, la bourra, prit un tison, l'alluma, puis sans mot dire se mit à considérer la fumée qui s'en échappait en longues volutes blanches et bleues.

Mes derniers jours à Kelle.

L'hivernage a mis fin à la traite, et les caravanes n'arrivent plus à mon comptoir. Je dois pourtant rester encore quelques jours à Kelle avant de reprendre le chemin de la côte.

Les mêmes gânes (hôtes) qui, sans prévoyance, m'ont vendu jusqu'à leur dernière graine, assiègent maintenant mon comptoir pour se faire livrer très cher de quoi ensemencer leurs champs. Éternelle insouciance de ce peuple enfant! Ils feront de même l'an prochain, et ainsi de suite, sans que l'expérience puisse leur servir une bonne fois de leçon.

J'allai hier soir au village passer ma soirée avec les marabouts. J'aime beaucoup à converser avec les vieux serignes (marabouts); je dois avouer qu'au début ils étaient très méfiants à mon égard. Mais aujourd'hui ils me connaissent et se font un plaisir d'entrer avec moi dans tous les détails de leurs institutions.

Je ne rencontrai en arrivant que des chiens laobés, hurlant à la lune; tout le monde était déjà parti pour assister au tam-tam. Seules deux fillettes se promenaient gravement à l'entrée d'une case. L'une se dandinait avec une bouteille posée en équilibre sur le sommet de la tête; l'autre, plus jeune, tenait serré sur son dos, par un pagne, un petit flacon qu'elle berçait comme un enfant; je leur donnai deux *kopors* (sous) et poursuivis ma route. J'arrivai bientôt au milieu de la place du village, et, sans me mêler au tam-tam, je me dirigeai vers le hangar de paille où les marabouts fumaient leur pipe en conversant. Après les avoir salués, je m'assis au milieu d'eux. Ils se proposaient, ce soir-là, les fameuses énigmes de Biram Thiam Demba. A peine les questions étaient-elles posées, que les réponses partaient de toutes parts, accompagnées de joyeuses exclamations. Je fus naturellement aussi interrogé.

« Qu'est-ce qui a une queue et ne la remue pas? »

Je répondis : « Une cuiller.

— Qui vole sans jamais se reposer?

— Le vent.

— *Vouar ma degueu*, il a dit la vérité, » s'écriait-on.

Un vieux serigne m'interpella :

« Blanc, me dit-il, qu'est-ce qui distille parfois un venin plus mortel que celui du *n'gangor* (du serpent noir)? »

Le cercle se rétrécit autour de moi.

« *Bissimilay Dhiam*, au nom du Dieu de vérité, disaient les hommes en se frappant la bouche et en me regardant avec une curiosité maligne.

— La langue d'une femme, ajoutai-je tout à coup sentencieusement.

— *Vouarna dégueu, toubab bile mos;* il a dit la vérité, ce blanc-là est un malin. »

Cependant peu à peu la conversation prit une tournure plus sérieuse, et chacun se mit à commenter les proverbes des deux grands philosophes woloffs : Cothi-Barma et Masséni.

« Mais qu'as-tu donc, Malick? dis-je à l'un des noirs, très gai d'ordinaire et qui semblait préoccupé.

— *Dara,* rien, répondit-il.

— Mais encore? »

Il parut hésiter, puis il dit d'une voix très basse, en me montrant sa jambe :

« *Ain fita,* j'ai reçu une flèche; c'est un génie peul qui m'a blessé pendant la nuit. »

Je voulus rire; mais tous étaient devenus très sérieux et se regardaient avec anxiété.

Un aveugle passa, conduit par un enfant.

« *Ouav,* oui, dit-il.

— *Otoulen gaf i diné, arfan dia né ouav,* prenez garde à l'influence du génie, dit l'un des marabouts; le passant a dit oui, c'est une preuve que c'est vrai.

— L'esprit de la maison m'apparut l'autre jour vêtu de blanc, continua Malick, et il m'éveilla pour m'avertir de me méfier des charmes qu'un Peul pratiquait contre moi; j'ai été voir un marabout, qui m'a donné un *silikong* préservatif (gris-gris fait avec des poils). Il a dû sans doute oublier quelques formules, puisque j'ai été blessé. »

Le ciel cependant s'était couvert de nuages noirs, qui montaient poussés par un vent très faible. L'un d'eux se déforma et figura à l'horizon la porte d'une ville antique surmontée d'un dôme oriental. La lune en argenta d'abord les contours supérieurs, puis le nuage se déchira, et elle apparut toute ronde, vraiment singulière, placée précisément au milieu du frontispice.

« C'est la porte de l'enfer, » dirent les noirs presque effrayés.

En ce moment un hibou fit entendre son cri plaintif. Alors l'épouvante fut à son comble.

« C'est un sorcier, » dirent-ils en se levant à la hâte.

Et tout en se dispersant ils crièrent :

« *Korom la nou doudé,* nous vivons de sel. »

Ils croient, en effet, que les sorciers n'aiment point les âmes salées.

Je me trouvai bientôt seul. La nuit était devenue très sombre, et le tam-tam était dispersé. Des éclairs rayaient sinistrement la nue sans interruption, et l'on sentait à la lourdeur de l'air qu'une tornade était prête à éclater. Un concert de hurlements monta, et je regagnai mon comptoir l'esprit traversé de visions fantastiques.

TROISIÈME PARTIE

DAKAR — SAINT-LOUIS

Retour à Dakar.

Me voici de retour à Dakar pour quelques mois, jusqu'à l'ouverture de la traite prochaine. Je remplace en ce moment mon collègue de l'extérieur, revenu en France par le dernier paquebot.

C'est moi qui suis chargé des ventes en gros, des fournitures aux boutiques de l'intérieur et de tout ce qui concerne l'armement des bateaux.

Par ces temps d'hivernage, où la chaleur devient torride, je dois être partout : dans notre cour, sur les quais, en chaloupe, à bord des navires, passant mes journées entières au grand soleil, surveillant mes noirs, activant leur indolence.

Mes forces s'affaiblissent, et depuis quelques jours je marche seulement à force de volonté.

Un débarquement.

Malgré la fièvre qui m'a agité toute la nuit, me voici déjà debout, afin de prendre mes dispositions pour la journée.

Dans la cour encombrée de planches, de briques, de tuiles, de sacs de chaux et de riz, nos laptots arrivent un à un.

Ils se dépouillent de leurs guenilles pour revêtir des costumes invraisemblables, faits avec des sacs vides d'arachides. Il est six heures, c'est le moment de se mettre au travail.

Les laptots font leur salam (prière) derrière une pile de madriers.

« Mamadou, Malick, Demba !...

— *Mangui! mangui!* Voilà! voilà!

— Allons! tas de rosses, au travail. Il faut aller débarquer un navire de chaux arrivé hier soir. »

Devant la porte de la cour, des Toucouleurs stationnent. Ils savent, en effet, que nous aurons besoin d'augmenter notre personnel aujourd'hui.

Nous descendons sur les quais, et nous voici devant la guérite de la douane. Je vais saluer les deux douaniers de planton, qui se frottent encore les yeux; puis, après être monté sur un tas de briques cassées, j'inscris sur mon carnet quatre-vingts noms de barbares.

« Que chacun se prépare! »

Les Toucouleurs ne se payent même plus le luxe d'un sac vide; ils ne gardent sur le corps qu'une ceinture fortement nouée autour des reins, qui contient leurs économies.

« *Toubab,* blanc, combien nous donneras-tu aujourd'hui?

— Deux francs cinquante.

— Non, ce n'est pas assez. »

Et, sachant que j'ai besoin d'eux, ils se montrent exigeants et se retirent tous. Me voilà avec mes dix laptots, et, près du warf, deux côtres chargés de chaux attendent le débarquement. Le soleil monte à l'horizon, au-dessus de Gorée, et arrive obliquement sur nous. Le ciel est de plomb, et l'on sent la tornade prochaine. Les chaloupiers s'impatientent, et la chaux va être perdue si elle reçoit l'ondée. Les Toucouleurs ont tous déserté le quai. Voici une heure perdue, et le temps s'assombrit toujours. Je me décide alors à offrir trois francs pour la journée de travail.

Ma tête tourne, mes jambes oscillent.

« Mamadou! dis-je à mon chef laptot, cours chercher les Toucouleurs : dis-leur que je donnerai trois francs. »

Ils reviennent tous et demandent quatre francs. Forcé d'en finir, je leur accorde enfin, après bien des pourparlers, ce qu'ils demandent. Je couche pour la seconde fois leurs noms sur mon carnet; ils ne s'appellent déjà plus comme tantôt.

A sept heures et demie, le travail est en train. Je distribue mes hommes. Dans chaque côtre j'installe quatre noirs pour jeter les sacs sur le quai; quatre autres les empilent; une centaine d'autres les portent au comptoir, et mes laptots les suivent pour les surveiller.

Le débarquement s'effectue maintenant assez vite. Je serais

presque content de moi si je n'étais brûlé par la fièvre. Pour
donner du courage à mes hommes je fais venir un griot, qui
leur joue du tam-tam et leur prodigue des louanges. Tous,
à l'envi, se mettent à pousser d'épouvantables hurlements.
Après quelques heures le travail se ralentit, je m'aperçois
qu'une foule de mes noirs a disparu. Je monte à chaque instant
sur une pile de sacs pour faire le contre-appel de mes hommes,
dont un tiers, profitant de la poussière blanche qui nous
enveloppe, a décampé pour aller boire ou faire un tour. Si je
n'y prêtais mon attention, ils partiraient tous à tour de rôle et
ne seraient exacts qu'à l'heure du payement.

« Où vas-tu, *gourgi* (l'homme)?

— *Manga dem ti alaba*, je vais aux champs. »

C'est un euphémisme commun à mes noirs, et je les ramène
lestement au travail. Ma voix s'étrangle dans ma gorge desséchée, ma peau se pèle, mes cheveux sont roussis et brûlés. Je
saisis un Toucouleur, chargé d'un sac qui s'est ouvert. Sans
plus s'occuper du contenu qui se vide, il s'en va tranquille-
ment, heureux de se sentir de plus en plus soulagé. Je l'arrête et lui fais poser son sac en le rudoyant. Le noir, un grand
gaillard, d'une carrure d'athlète, à la figure sinistre balafrée
par deux cicatrices profondes qui partent de l'œil jusqu'au
menton, selon l'usage des Bambaras, se retourne menaçant,
le poing levé, m'accule jusqu'au bord du quai, et m'aurait
infailliblement jeté à la mer sans le secours de mes laptots.
Débarrassé du Bambara, je veux le renvoyer; mais il exige
que je lui paye sa journée entière.

« *Fey ma legi!* paie-moi tout de suite ! hurle-t-il. *Fey ma
legi!* »

J'appelle un *alkati* (agent de police noir) pour trancher le
débat. Il comprend à peine le français ou fait semblant de ne
pas le comprendre. Il m'explique d'abord qu'il est pressé et
qu'il n'a pas le temps de s'arrêter, puis il s'esquive sans avoir
rendu d'arrêt. Le Bambara finit par s'éloigner, en attendant
l'occasion de me rencontrer seul.

Je m'affaisse sur des sacs, épuisé de fatigue et de fièvre.
Mes tempes battent, ma gorge sèche ne peut plus articuler
aucun son. Mes yeux brûlés, rougis, regardent dans le vide. Je
défaille. Je récapitule ma vie et voudrais n'avoir jamais vécu.
Nous avons en nous des ressorts qui éclatent à force d'être
tendus. J'en suis arrivé à désirer la mort. Depuis un an je
souffre horriblement de ne pouvoir mourir. La mort! la mort!

je l'appelle de tous mes vœux. J'ai envie de m'étendre là, sur ce sol maudit et calciné, et de m'y endormir à jamais de mon dernier sommeil. Il y a des moments où l'on éprouverait une volupté suprême, indicible, à ne plus se sentir vivre; où la mort sans phrase vous apparaît comme la grande libératrice. Je songe à tout ce que j'ai aimé là-bas par delà ces horizons, implacables dans leur sublime impassibilité. Je récapitule toutes mes souffrances, et puis mes yeux ternes et secs tombent sur ces êtres sauvages qui se démènent autour de moi. Changerais-je leur sort contre le mien? Non, certes, et je comprends que le mot de Pascal sur la nature écrasant l'homme est encore vrai ici du parallèle entre l'homme blanc et l'homme noir. Et, en face de l'opposition de nos destinées respectives, je ne trouve plus un mot de blâme contre la providence de Dieu. Je me redresse soudain, et, au milieu d'un nuage compact, ma voix tremblante et enfiévrée monte dans un appel d'encouragement.

« *Waou, gourgi!* Bravo, les hommes! »

Chacun s'excite de nouveau. Le griot frappe frénétiquement sur son tam-tam. Toucouleurs et laptots rivalisent un moment d'ardeur. Les chaloupes sont débarquées vivement, et j'aperçois au large, au-dessus des flots bleus, notre navire allégé qui commence à s'élever au-dessus de sa ligne de flottaison.

Vers midi, ma surexcitation nerveuse tombe tout à coup. Je me traîne jusqu'au comptoir. C'est à peine si je puis me soutenir. J'y arrive enfin, et là, étendu sur mon lit, inerte, j'attends que l'heure du travail ait recommencé, et je jouis pendant quelques minutes de la douceur de l'anéantissement.

L'élection.

Dakar est enfin une cité municipale, indépendante de Gorée. Un conseil municipal va être nommé, et l'on s'agite déjà pour choisir des élus. Les intrigues ont déjà commencé auprès des populations des divers villages noirs. Il paraît, en effet, que les nègres sont reconnus comme électeurs. Électeurs! On cherche à leur faire valoir les avantages d'une telle considération; ils ne les comprennent pas, mais ils sont fiers quand même d'être électeurs.

Nous avons mis de côté tous les biscuits moisis, toutes les bouteilles de limonade éventées, car nous comptons bien opérer quelques pressions sur ces messieurs. On a réservé pour les marabouts peu farouches de la bière invendable, de l'absinthe de traite et autres alcools.

Le grand jour est arrivé. Sur la place du gouvernement les noirs s'avancent, précédés des chefs de village investis du manteau vert. Ils se prennent très au sérieux et n'ont compris qu'une chose aux élections : c'est que c'était un moyen très simple pour eux de mettre à profit la générosité des blancs. Ils se demandent même si cette cérémonie ne va pas se renouveler à chaque lune.

Le planton noir de l'hôtel fume sa pipe, couché sur un banc devant la porte; mais, en voyant la place se remplir, il opine que le moment est venu de faire un peu de représentation. Il se redresse, se met à arpenter le devant de la porte, et, les mains aplaties sur les hanches, il se gonfle dans son mboubou avec un air comique d'autorité. Cet air devient bientôt contagieux, et, à voir tous ces noirs se pavaner majestueusement, on dirait qu'ils vont décider du sort du monde.

La mendicité auprès du blanc était chez eux de tradition, et voici maintenant que les rôles sont renversés. Que se passe-t-il donc? Les noirs ne sont plus alors à dédaigner?

Les membres du bureau ont pris place, et les électeurs sont introduits. La revision des cartes ne tarde pas à présenter quelques difficultés.

« Comment t'appelles-tu ? dit le président à un des électeurs?

— Samba Diop.

— Et toi? fait-il au second.

— Samba Diop.

— Comment! vous portez tous les deux le même nom?

— *Arakaïn Badio.* Parfaitement, ô mon incomparable! »

Un troisième se présente.

« Quel est ton nom? continue le président.

— Samba Diop.

— Ah çà, toi aussi! »

Vers midi on se trouve en présence d'une cinquantaine de Samba Diop et d'autant de Fall, de N'Diaye, de N'Guey, de Sar, de Sis et de N'Doye. Presque tous les noms de famille chez les noirs se réduisent à ces derniers. J'ignore si tous les nègres sont sortis de souches communes, ou si ces noms rappellent plutôt les chefs des tribus primitives qui ont formé la race wolove.

Les prénoms tels que Birahim, Demba, Amady, Mamadou, Ousman, Samba, Malick, Souleyman, se retrouvent souvent, et c'est ainsi que les noms des électeurs prêtent à une confusion très amusante.

On essaye cependant parfois de faire la lumière.

« Voyons, dit le président à un vieux nègre dont la peau est si parcheminée qu'elle en devient presque blanche, quel âge as-tu ? »

Le vieux se recueille.

« J'ai au moins cinq ans, » prononce-t-il avec solennité.

Et comme il voit rire les membres du bureau :

« *Vonay ! souniou toubab, degeu la mos.* Vraiment, mes blancs, c'est très vrai, je vous l'assure. »

Un jeune noir, qui paraît avoir à peine l'âge légal, se présente à son tour.

« Et toi, quel âge as-tu?

— J'ai au moins cent ans, » fait-il, et il s'en va, content d'avoir suffisamment éclairé l'autorité.

Les noirs n'ont aucune idée, même approximative, de leur âge, et ils le comptent, quand ils y sont obligés, depuis un grand événement: intronisation d'un damel, arrivée d'un gouverneur, date d'une bataille, etc.

Après une journée de quiproquos, le conseil municipal est enfin nommé. Les indigènes, convaincus d'avoir été ce jour-là indispensables aux blancs, viennent réclamer aux élus des rafraîchissements et des cadeaux.

Le soleil se couche alors sur l'Afrique, enveloppant de ses derniers rayons Dakar devenu libre, et des groupes joyeux de marabouts retournent aux villages où les attire une vague odeur de couscous qui monte de toutes les cases éparpillées.

États d'âme sénégalais.

J'ai passé ces jours-ci par de terribles émotions qui s'émoussent déjà sous mon indifférence. L'indifférence ! mot terrible qui ne désigne nullement ici le manque de sensibilité, mais la défaite de l'énergie morale qui, vaincue à la suite des maladies et des souffrances de toute espèce, se retranche derrière une stoïque résignation.

Quand on débarque au Sénégal, on est jeune et ardent, con-

fiant dans l'avenir et dans la vie ; on est fier de venir dépenser
sa jeunesse dans une lutte dont on se croit sûr de triompher.
Et en effet, les premiers mois se passent dans une sorte d'extase
et de ravissement. La vie est si étrange dans ce singulier pays !
Autour de vous s'agitent des êtres bizarres qui ne ressemblent
presque pas, vous semble-t-il, à des hommes comme nous.
Ils n'ont ni la même couleur ni les mêmes mœurs que les nôtres ;
ils parlent des langues insaisissables, et l'imagination en éveil se
complaît dans cet éblouissement des yeux, dans ce pittoresque
de décors toujours nouveaux. A cet enchantement de l'esprit
s'ajoutent les satisfactions de l'amour-propre. On est flatté d'être
pour ces noirs une personnalité qui attire leur respect, et on
éprouve souvent pour la première fois les joies inavouées du
commandement. On sent bien pourtant des lassitudes sous ce
soleil brûlant, mais on est heureux de surmonter ces premiers
malaises qu'on attribue à l'acclimatation. D'ailleurs les forces
vives du corps vous soutiennent, et l'âme marche de pair, con-
fiante et assurée.

L'hivernage arrive alors avec ses rares pluies et ses chaleurs
épouvantables. Parfois une tornade vient rafraîchir l'atmosphère de feu, et sous l'ondée vivifiante une puissante végétation se dresse vers le ciel. Mais, vers le 15 septembre, la
verdure se dessèche, les hautes herbes se penchent, les arbres
se dépouillent, les transports de cette nature passionnée se
ralentissent, s'affaissent et tombent. Elle halète, enfin suffo-
quée, et toujours à l'infini le ciel est de plomb, le vent est de
feu. Les pluies torrentielles venues après les tornades ont formé
des marigots dans les enfoncements des terres. Ces marigots
desséchés deviennent pendant le mois d'octobre un foyer de
mort, d'où s'exhalent alentour des miasmes empoisonnés.

L'hivernage en passant a refroidi tout l'enthousiasme. Il est
rare qu'il ne soit pas pour la santé l'occasion d'une crise vio-
lente dont on ne se relève qu'à jamais désabusé. Dès lors les
forces physiques se déséquilibrent, l'estomac ne fonctionne
plus comme auparavant, il faut recourir à tout instant à la
quinine et à l'ipéca. Les rangs s'éclaircissent autour de vous,
mais l'on se dit : Celui-ci était exténué, celui-là manquait de
force morale, et l'on continue à marcher, espérant toujours
et quand même, tandis que les fièvres poursuivent leur travail
lent de désorganisation. Maintenant les accès deviennent intermittents et réguliers ; puis un jour on vous transporte à l'hôpital, d'où vous ne sortez qu'après une longue et pénible

convalescence. La vigueur et le courage d'autrefois ont disparu,
car on a vu la mort de près. Les curiosités du pays n'excitent
plus votre intérêt. Ces noirs qui grouillent autour de vous, et
qu'on étudiait jadis avec complaisance, ont aujourd'hui le don
de vous énerver d'une façon aiguë. Vous les trouvez sales,
menteurs et voleurs; ce qu'ils sont en effet. La moindre résistance de leur part vous met dans de terribles états d'exaspération. On reconnaît que la machine humaine ne fonctionne
plus régulièrement, et que le moral peu à peu a suivi une

Sur les bords du Sénégal.

marche parallèle. On est tenté alors de reprendre le chemin
de la mer et de la France. Les illusions sont évanouies, et l'on
sent au bout de toutes ces souffrances la mort qui vient à pas
lents. Mais on a des engagements, et l'on se dit : Non, ce serait
une lâcheté, les autres restent comme moi, je n'ai encore rien
fait. Il faut encore lutter, on ne meurt après tout qu'une fois.
L'indifférence dont je parlais tout à l'heure vous envahit, et
avec elle le mépris souverain de l'existence. On fait bon marché d'une vie qui vous est désormais à charge. La France et
la famille laissées là-bas, bien loin, vous apparaissent souvent
dans vos rêves devenus des cauchemars. Une figure chérie,
un petit coin aimé, font trembler parfois une larme à votre
paupière desséchée; mais on chasse bien vite ces souvenirs
qui vous font mal. Le cœur s'est endurci, émoussé, et le pays

natal, sous l'impulsion de la fièvre, vous apparaît dans un lointain inaccessible, comme le mirage trompeur d'une oasis vers laquelle on avance et qui recule toujours à l'infini.

D'ailleurs les correspondances, nombreuses d'abord, se font réciproquement plus rares. Il faut lutter seul, sans espoir, sans encouragement, ou plutôt s'abandonner à sa destinée. Qu'importe que le fossoyeur noir vous jette bientôt une pelletée de sable sur la face, puisque ce sera là le suprême repos et que ce sera fini pour jamais! On voit bien cependant des camarades qui ont l'espoir du retour, qui partent en effet, fuyant ces plages maudites et désespérées; mais l'expérience vous apprend qu'ils ne tarderont pas à revenir. Revenir! c'est effrayant, cela, presque incompréhensible, et pourtant rien n'est plus vrai. Un attrait magnétique, inconnu mais irrésistible, ramène au Sénégal presque tous ceux qui y ont vécu. Les climats d'Europe semblent trop froids, et la santé délabrée ne peut plus les supporter. Et puis, que faire désormais en France? Les occupations n'y sont plus semblables; on a pris l'habitude de commander, d'être quelqu'un, et il faut se résoudre à n'être plus qu'un subalterne. On souffre horriblement au Sénégal, mais on n'y connaît pas la noire misère de la faim. On se sent dépaysé dans son propre pays au bout de quelques jours. Les amis vous ont délaissés, les parents vous reconnaissent à peine, car ils s'imaginaient qu'on revenait riche de ces étranges pays; ceux qui vous portaient jadis de l'intérêt vous ont eux-mêmes oubliés, car les absents ont toujours tort! Une lutte nouvelle pour la vie vous cause d'inexprimables anxiétés. Il vaut encore mieux en finir là-bas, tout d'un coup, loin des siens, fièrement, en regardant la mort en face et sans trembler, comme une sentinelle qui tombe la nuit aux avant-postes. Et voilà pourquoi, après quelques jours d'absence, on revoit avec le même frisson indéfinissable d'épouvante ces plages brûlantes d'Afrique, auxquelles on croyait avoir dit un suprême adieu.

Le retour au pays ne vous semble donc plus si désirable. On devient indifférent à ses propres malheurs et à ceux des autres, jusqu'au jour où une forte secousse morale vous rappelle au sentiment si profondément humain de la pitié. . . . . .

Voici près de deux mois que je suis à l'ambulance de Dakar, et pourtant dans ma mémoire engourdie revivent encore les souvenirs inoubliables qui ont précédé de deux jours mon entrée à l'hôpital.

Marché indigène.

Dans une galerie extérieure qui bordait nos chambres, nous étions cinq attablés devant des grogs que nous buvions à petits coups. La nuit était venue, profonde et sombre, succédant à une terrible et accablante journée d'hivernage. Nous étions mornes et pensifs, car nous avions le matin même accompagné l'un de nos camarades à Bel-Air, nom horriblement ironique du cimetière de Dakar. Des éclairs incessants rayaient sinistrement un ciel sans étoiles et faisaient présager la tornade prochaine, que l'on sentait monter dans la lourdeur de l'air.

« Eh bien! quoi! on ne rit plus ici? » dit le plus âgé d'entre nous, un vieux loup de mer qui avait fait son tour du monde avant de venir s'échouer au Sénégal; et tout en s'ingurgitant du cognac, il se mit à siffloter un très vieux refrain de matelot.

C'était le plus gai de notre bande, et il avait vu tant de choses tristes, que la mort elle-même ne pouvait lui enlever sa sérénité.

« Ah çà! continua-t-il en nous voyant rester muets, croyez-vous que nous soyons encore à l'enterrement? »

Et, pour nous égayer, il se mit à nous conter une histoire, toujours la même, qui s'était passée en Chine dans son jeune temps.

« Tonnerre de Brest! conclut-il, je riais plus alors avec les magots chinois que dans ce satané pays; mais enfin la vie est la vie, il ne faut pas la prendre à rebrousse-poil, et, malgré toutes mes misères, je connais encore la gaieté. »

Puis d'une voix chevrotante il se mit à chanter :

> Quand je connus Nina la blonde,
> C'était un soir de gai printemps.

En ce moment la porte de la chambre en face s'ouvrit, et dans son embrasure un jeune homme apparut. C'était un gros garçon joufflu, rouge d'ordinaire, mais très pâle ce soir-là. Nous n'aimions guère ce Bordelais, aussi suffisant que trapu, et qui, débarqué seulement de six mois, voulait prendre avec nous des airs d'autorité. Il se plaignait d'être souffrant depuis un jour, et nous n'étions pas fâchés de lui voir un petit accès de fièvre. Il avait, en effet, l'habitude de nous vanter son régime colonial, qui lui permettrait, disait-il, de résister à toutes les influences malsaines du climat. Son apparition fut saluée d'un rire général.

« Ah! le voilà, criâmes-nous, voilà le moribond !

— Ne vous moquez pas de moi, fit-il la tête basse et la voix entrecoupée, je me sens très mal à l'aise. »

Puis, à demi grelottant, il s'assit à califourchon sur une chaise et alluma un cigare mélancoliquement.

« Allons, je vois que la maladie ne vous empêche pas de fumer, lui dis-je en riant; rassurez-vous, vous n'êtes point encore très bas. »

Il haussa légèrement les épaules et ne répondit rien.

« Vous ne mourrez pas encore, dit l'un, attendez d'avoir trois ou quatre ans de séjour dans la colonie.

— Vous êtes une femme, répliqua un autre; moi j'ai eu un accès pernicieux, deux fièvres bilieuses menaluriques, et vous voyez, je suis encore debout.

— Dites donc, si vous faites le grand plongeon, ajouta un troisième en ricanant, ne manquez pas de venir nous dire ce qui se passe là-bas dans l'éternité. »

Au milieu des lazzi, la conversation continua, et mes camarades se mirent à raconter au Bordelais une série d'histoires invraisemblables qu'il écoutait avec une imperturbable conviction. Au bout de quelques minutes son malaise s'accentua; il jeta son cigare intact et se disposa à rentrer.

« Allons! ce n'est rien, lui dîmes-nous, cette première fièvre est votre baptême colonial; il faudra vous purger et prendre demain de la quinine. »

Il se retira sans mot dire dans une chambre que nous partagions tous deux en commun, tandis que longtemps encore nous nous égayions à son sujet.

Vers dix heures, chacun de nous se retira chez lui. Je fus très étonné d'apercevoir en entrant le Bordelais étendu sur mon lit, à demi déshabillé et les pieds sur mon coussin. J'interpellai vivement le dormeur en le secouant. Il ouvrit les yeux, me regarda d'un air terrible et regagna son lit, où il s'abattit en chancelant. Après m'être couché et avoir fermé ma moustiquaire, impassible au milieu du frôlement infect des cancrelats, j'attendis patiemment que le sommeil voulût venir. Les soupirs de mon compagnon me tinrent quelque temps éveillé, puis je finis par m'endormir d'un sommeil enfiévré. Il devait être une heure du matin, quand je fus brusquement réveillé par un pas lourd sur mon plancher.

« Qui est là? » m'écriai-je.

Une main brûlante qui tâtait les draps s'abattit sur mon front. Je me dressai sur mon séant.

« Allumez le photophore, dit une voix rauque que je reconnus être celle du Bordelais, allumez vite, j'ai peur !

— Ah çà ! lui dis-je, me laisserez-vous enfin dormir ? je n'ai pas d'allumettes. Vous avez un peu de fièvre, allez donc vous recoucher, et demain je m'occuperai de vous.

— Non, non, murmura-t-il, allumez tout de suite, j'ai peur. »

Mais, déjà vaincu par le sommeil, ma tête était retombée sur mon oreiller, et je n'entendis plus rien que très confusément.

Le lendemain à mon réveil, je fus surpris de sentir comme un poids sur mes pieds. Je sautai de mon lit, un corps inerte tomba lourdement. Je poussai un cri d'effroi. Le Bordelais était là, gisant à mes pieds, la face livide, l'écume aux lèvres, les membres raidis. Je me penchai pour le relever ; une humeur jaunâtre découlait de son oreille violacée ; son front et ses mains étaient froids comme le marbre, le cœur ne battait plus, il était mort.

Je ne saurais dépeindre l'impression que j'éprouvais. Je le portai en tremblant sur son lit. Mes camarades appelés et moi, nous étions tous autour de lui, immobiles, pétrifiés d'effroi, ne voulant pas croire à cette horrible réalité. Le docteur prévenu en toute hâte conclut qu'il était mort d'un accès pernicieux, n'osant pas dire pour nous effrayer que c'était un cas de fièvre jaune isolé ; puis il ordonna de l'enterrer au plus vite. Il fallut chercher le menuisier noir, qui s'était grisé, selon son habitude, et qu'on finit par ramener dans un lamentable état. On tira de derrière notre chambre les planches qui devaient servir à faire le cercueil du mort. Sur la première qu'on emporta, le Bordelais avait tracé au crayon ces mots pour ainsi dire prophétiques : *A enlever pour samedi.* Or nous étions justement à ce jour de la semaine.

Quand il fallut mettre le corps en bière, on s'aperçut que le noir, en état d'ivresse, avait mal pris ses mesures, et que le cercueil était trop étroit. Nous fûmes obligés de tordre les jambes et de rompre plusieurs os du cadavre. Nous étions là, les cinq de la veille, auprès de la bière refermée, sans oser dire un mot. Ils se retirèrent un moment. J'allumai quatre bougies, entre autres celle que je lui avais refusée la nuit précédente ; puis, à genoux, je lui demandai pardon de ma cruauté involontaire à son égard.

Le soir de ce même jour, nous avons accompagné notre camarade au cimetière. Sur la plage déserte, blanche et toute plate, où la vague venait mourir avec un murmure insensible, discret, mystérieux, semblable à une voix qui pleure, nous cheminions tristement et sans parler.

Nous arrivâmes enfin à la pointe extrême de Bel-Air. Derrière le cimetière, dans une crypte abrupte, verdie par les lichens, les flots du large viennent se briser avec fureur sur les récifs. Quand les ombres descendent sur cette terre d'Afrique, on pourrait croire que les clameurs des trépassés se mêlent à la grande voix de la mer et demandent des prières pour ceux qui dorment à jamais du dernier sommeil des exilés. En entrant dans le cimetière, nous nous sommes dirigés vers un petit coin solitaire. Une croix noire sans inscription faisait une grande tache d'ombre sur la terre fraîchement remuée. C'était là !

Nous l'avons laissé, notre pauvre camarade, après avoir jeté sur son cercueil la dernière pelletée de terre, qui fait un bruit si sinistre en tombant; puis nous sommes repartis en nous demandant si demain notre tour ne viendrait pas. Et devant ces tertres verts qui nous rappelaient presque tous un ami déjà oublié, une prière émue montait maintenant de nos cœurs à nos lèvres : *Requiescant in pace !*

Départ pour Saint-Louis.

L'agent de notre maison à Saint-Louis vient de demander un traitant pour son comptoir de M'Pal, dans le Walo. J'ai été désigné pour partir. Je n'ai eu que le temps de boucler mes malles, de serrer la main à mes vieux camarades et d'aller retenir ma place à bord de la *Falémé,* déjà sous pression.

Je suis très peiné de quitter Dakar, où je laisse des amis. Saint-Louis ne m'est pas étranger, mais mon ignorance du nouveau poste qui va m'être confié me fait regretter mon comptoir de Kelle.

Nous prenons déjà la mer. La côte s'éloigne, et les deux Mamelles dressent dans le lointain leurs roches volcaniques, jadis bouleversées par des feux souterrains. Le phare des Almadis s'allume, puis cette dernière lueur de la côte disparaît.

Sur le roufle de l'arrière, je rêve, étendu dans un grand fauteuil à bascule.

O sublime sérénité des nuits africaines, quel poète pourra jamais rendre votre magie inoubliable !

Une brise tiède souffle sur l'océan. Les rayons d'or qui tombent de la voûte azurée se jouent sur la crête phosphorescente des vagues bleues. Où allons-nous ainsi? Est-ce vers une terre nouvelle ou bien vers le pays du soleil et de l'idéal?

Nous sommes arrivés vers neuf heures devant la barre du Sénégal, fertile en naufrages. Cette barre est formée par le double courant de la marée montante et des eaux descendantes du fleuve, charriant des bancs de sable qui s'amoncellent à son embouchure.

Tous les matins, le chef pilote fait sonder les bas-fonds, et le capitaine de la barre détermine le chenal.

Malheureusement pour nous la barre est aujourd'hui impraticable, et la *Falémé* ne pourrait la franchir sans courir le risque de s'y échouer.

La ligne des brisants offre à nos yeux une batture d'environ cinq cents mètres, où la mer écumante vient se briser en rugissant.

Rien n'est plus désagréable, en vue de la terre, que d'être pour ainsi dire rejeté loin d'elle.

Il a fallu prendre patience et attendre sur place jusqu'au lendemain.

Cette fois, la barre était belle, et de toutes parts de légères pirogues prenaient la mer pour aller tendre au large leurs filets.

Les pêcheurs sénégalais déploient une hardiesse vraiment inouïe, en se lançant dans les brisants, qu'ils traversent avec la rapidité d'une flèche. Ils sont quatre dans chacune de leurs pirogues, dont les extrémités se terminent en pointe. Debout et leurs pagaies plates en main, ils voguent en faisant contrepoids à la lame pour garder leur équilibre, se laissent enlever au sommet des vagues, descendent avec elles et recommencent plus loin la même opération jusqu'à ce qu'ils aient gagné la haute mer.

Il est très rare qu'ils soient chavirés, et d'ailleurs cet accident ne les surprend pas outre mesure. Sans lâcher leurs pagaies, ils retournent alors leur pirogue renversée et se mettent de nouveau à braver en riant les vagues en fureur.

« En avant! doucement, » commande le capitaine.

La *Falémé* se remet en marche et pénètre dans le fleuve, qu'elle sillonne depuis si longtemps.

La figure toujours empourprée du capitaine s'éclaire d'un sourire de satisfaction.

« Voyez-vous, me dit-il, je n'ai jamais attendu plus d'un jour devant la barre. Le Sénégal et moi nous nous connaissons.

Voilà bientôt quinze ans que je le remonte, et que je suis le postier du Soudan. »

Nous filons maintenant entre les barils qui marquent la route du chenal, et, après un jour de retard, nous entrons enfin dans le fleuve.

Arrivée à Saint-Louis.

L'embouchure du Sénégal offre aux yeux du voyageur l'aspect le plus désolé et le plus aride qu'il soit possible d'imaginer.

Sur la gauche, en entrant, le Sahara montre sa pointe extrême de sable blanc; sur la droite, de maigres palétuviers, des graminées et des mangliers présentent un semblant de verdure desséchée, calcinée par le soleil. La solennelle aridité de ce pays brûlant serre le cœur et cause une impression involontaire de solitude et d'effroi.

A midi, nous entrons dans le grand bras du fleuve. Quelques instants après, le beuglement de la sirène fait retentir tous les échos et annonce notre arrivée à destination.

Nous stoppons près du pont Faidherbe. Ce pont, inauguré en 1866, relie Saint-Louis à l'île de Sor. Il a une longueur de six cents mètres, dont quatre cents sur bateaux du système des ponts militaires, et deux cents sur pilotis de roniers. Pour livrer passage aux bateaux qui remontent le fleuve, on a ménagé une coursière de deux pontons.

Les Français s'établirent dans l'île de Saint-Louis dès l'année 1637, y construisirent un fort et y fondèrent des comptoirs. La position inexpugnable de l'île, sa proximité de la rive des Maures, du Walo et du Cayor, lui assurèrent dès le début une importance capitale.

I

Me voici à Saint-Louis depuis deux jours. Je ne puis encore me défendre du saisissement que me fait éprouver cette ville singulière.

Dakar avec ses dunes de sable, les nuits parfois tourmentées du Cayor ne m'ont jamais produit rien de pareil. A Dakar, on a l'espace, la mer devant soi. On voit à tout moment des navires qui entrent et sortent.

Saint-Louis a l'air d'une grande ville, mais d'une grande ville comme il devait y en avoir du temps de Babylone. Ima-

Place du Gouvernement.

ginez-vous de grandes maisons blanches avec des toits à terrasses, de longues rues toutes droites où l'on enfonce dans le
sable jusqu'aux chevilles, la mer qu'on entend gronder tout
près sans la voir, des cases pointues adossées aux maisons,
des palmiers et des cocotiers dressant leurs têtes au-dessus
des toits, des caravanes de chameaux montés par des Maures
silencieux avec d'énormes femmes voilées en croupe, glissant
comme des fantômes le long des murs blanchis ; des chalands
descendant le fleuve, le pavillon national pendant inerte sur
sa hampe au-dessus de l'hôtel du gouvernement ; la langue de
Barbarie, limite extrême du Sahara, étincelante sous les feux
d'un soleil implacable ; et sur tout cela, encore et toujours
montant en crescendo, puis diminuant avec des notes assoupies,
ce grand fracas des vagues sur les brisants de Guet N'Dar.

Voilà Saint-Louis. Une tristesse morne, une mélancolie
infinie vous étreint, et cette nuit, du haut de *l'argamasse* (toit
à terrasse) sur lequel je me promène, la ville fait l'effet d'une
vaste nécropole et ses maisons de gigantesques mausolées.

II

J'ai été me promener ce matin sur la place du Gouvernement. C'est un vaste espace ensablé, bordé des deux côtés
par des casernes, et de l'autre par le cours du petit bras du
fleuve. Au fond se détache le palais du gouverneur. Cet hôtel
est bâti sur l'une des façades de l'ancien fort de Saint-Louis.
Il est surmonté d'un belvédère, au-dessus duquel se dresse un
mât de pavillons et de signaux.

Non loin de la berge du Sénégal et de la caserne Rogniat,
des esclaves, achetés au Soudan et enrôlés dans les tirailleurs,
sont dressés à l'exercice militaire. Je m'arrête un instant pour
contempler ce tableau original.

Un caporal indigène, pénétré de ses fonctions d'instructeur,
récite d'une voix tonnante la théorie aux nouvelles recrues,
et les malheureux tirailleurs, n'en comprenant pas un mot, se
regardent entre eux d'un air hébété, tandis que le caporal, le
bras le long de la couture du pantalon, continue de réciter
sa théorie, qu'il ne comprend probablement pas lui-même.

En rentrant au comptoir, notre agent m'a fait appeler, m'a
donné ses dernières instructions, et dès demain je dois partir
pour rejoindre mon poste de M'Pal, dans le Walo.

QUATRIÈME PARTIE

AU WALO

Le Walo.

L'ancien royaume du Walo comprenait, il y a quelque temps, le pays qui s'étend depuis la barre du Sénégal jusqu'à Dagana.

Il était borné au nord par le fleuve, à l'est par le Fouta, au sud par le Cayor et la province du N'Diambour, au sud-est par le Djoloff.

La contrée ne diffère pas essentiellement du Cayor, que d'ailleurs elle continue. Elle est cependant plus fertile, quoique plus malsaine, à cause des débordements périodiques du *Sénégal* et des nombreux marigots ou lacs qui la sillonnent.

Il y a peu de temps encore, elle obéissait à des rois ou *braks*, dont notre ami, Amar Boy, est le dernier représentant; mais les incursions fréquentes des Maures, qui rançonnaient le pays et pillaient nos comptoirs avec la complicité des braks, a forcé le gouvernement français à se rendre maître du Walo.

Il a été divisé en plusieurs cercles ou cantons, à la tête desquels on a laissé les anciens chefs. Voici le nom de ces cercles : Toubé, Ndiago, Dialakar, Gandon, Khatet, M'Pal, Gandiole, Merinaghen et Ross.

Arrivée à M'Pal.

M'Pal est situé à la limite exacte du Walo, du Cayor et du N'Diambour. Ma nouvelle habitation est certainement la plus belle construction de traite que j'ai encore jamais vue.

Ce n'est plus la traditionnelle baraque de bois, mais une vraie maison de briques que je vais habiter. La boutique tient tout l'arrière-corps de logis. Par-devant règne une galerie, et sur ses côtés deux chambrettes indépendantes.

On monte à la galerie par trois marches, et m'y voici: Un grand noir se promène en fumant sa pipe. C'est sans doute mon futur sous-traitant, qui a gardé la maison pendant l'hivernage.

« Bonjour, *gourgi* (l'homme); est-ce toi Fara Diop?

— Oui, mon blanc.

— Ah! très bien, c'est moi qui vient faire la campagne. »

Alors il me salue, et je l'examine des pieds à la tête. Il est vêtu d'un burnous gris à raies noires et coiffé d'un capuchon. L'œil est vif, mais faux et sournois. De son côté, Fara me dévisage sans mot dire. La fièvre qui me mine depuis mon départ de Saint-Louis fait claquer mes dents, courbe mes reins, et je sens une sueur froide perler à mon front.

« Donne-moi les clefs. »

Fara tire un trousseau, me considère, et dans son œil luisant je lis ce pronostic :

« En voilà un qui ne restera pas longtemps avec moi. »

J'enfonce une clef dans la serrure qui grince et pénètre dans une des chambres. Une bande de rats s'enfuie éperdue. Je trébuche sur des pommes de terre, des oignons et des sacs pourris. Des araignées filent leurs toiles à tous les coins, et des cancrelats s'ébattent sur un lit de fer dont un pied est cassé. Une odeur de moisi et de renfermé m'étreint la gorge. Mais enfin j'ai un lieu où reposer ma tête, et je m'abats sur mon lit en grelottant. Je délire presque, ma langue desséchée écorche mon palais.

« Fara! »

Mon noir a disparu. Je retombe anéanti. J'entends marcher sur la galerie.

« Fara! »

Ma porte s'entr'ouvre, et j'aperçois la figure d'un noir inconnu. Je lui demande où est Fara.

« *Kram!* sais pas, » répond-il en refermant la porte.

Le froid me gagne. Fara arrive heureusement et me demande d'un air empressé si je n'ai besoin de rien.

« Donne-moi une couverture, » lui dis-je, et, comme il n'en a pas, il entasse sur moi des sacs vides suspects.

Je sens des cancrelats qui courent entre mes jambes, mais je n'ai plus maintenant la force de remuer.

« Veux-tu que je te fasse du thé pour te remettre? » me dit Fara.

Je fais un signe de tête, et il s'en va en emportant une boîte pleine. Il revient quelques instants après, et me tend dans une calebasse une boisson horrible, que je ne puis avaler malgré ma soif.

« Fara, que m'as-tu donc préparé?

— Mais du thé, réplique-t-il, et pour qu'il soit meilleur, j'ai versé toute la boîte! »

La quinine enfin a eu raison de mes accès de fièvre, et me voici debout depuis huit jours. J'ai mis en ordre ma boutique, qui se trouvait dans un lamentable état, et suis tout disposé à faire une bonne campagne de traite.

En plus de Fara, mon sous-traitant, j'ai fait choix d'un indigène, parent d'Ousman Diop et nommé Diaga Sar. Mes maîtres de langue et mes laptots sont au complet, et je n'ai plus maintenant qu'à attendre l'arrivée des caravanes.

La traite à M'Pal.

La traite à M'Pal ne diffère pas beaucoup de celle du Cayor. On y achète aussi des arachides apportées par des caravanes du Walo et du N'Diambour; mais on a surtout affaire à des Maures Trarzas, qui passent le Sénégal au-dessus de Dagana et viennent de très loin nous vendre la gomme du désert.

J'ai fermé aujourd'hui mon comptoir vers cinq heures, et suis parti à cheval pour explorer les environs. C'est une promenade quotidienne qui me permet de surveiller mes *maîtres de langues*. Je cherche, autant que mes occupations me le permettent, à exercer sur eux une active surveillance. Comme ils n'ont point de scrupules, il n'est pas rare qu'ils envoient chez un autre traitant, dont ils sont les émissaires secrets, les chameliers au-devant desquels ils sont partis pour mon propre compte.

Me voilà donc parti plus léger des soucis du jour, aspirant à pleins poumons la brise avare, tandis que le soleil là-bas se couche dans le lointain incendié.

Mon cheval a pris le pas, et il va doucement parmi les herbes, semblant prêter comme moi l'oreille aux mille bruits confus de la solitude.

Des nuées de merles métalliques, aux reflets d'émeraude et de rubis, chatoyent sous les feux mourants du soleil.

Des colibris microscopiques irisent de leurs mille couleurs de feu le vert feuillage échevelé des palmiers nains.

Sur les baobabs, à ma droite, des tourterelles au collier noir roucoulent amoureusement.

Plus haut, sur les branches, des youyous jacassent en compagnie de perruches inséparables.

Derrière un rideau de lianes de petits singes pleureurs se balancent par la queue, d'autres pillent des champs de mil sur lesquels une toute légère brise imprime des caresses et d'onduleux frémissements.

De tous côtés, sur ma tête, à mes pieds, tout susurre, tout murmure et tout bruit.

A cette heure attiédie de la journée, la nature entière vibre en modulations insaisissables et en délicieuses harmonies.

Et moi, moi, qui ne suis pas né sur ce sol ardent et fécond, je reste rêveur, presque insensible, évoquant en face de cette grandiose terre d'Afrique le souvenir ému d'un vieux clocher perdu dans le feuillage au penchant d'un coteau.

Tout à coup, dominant les bruits qui s'élèvent des broussailles, les bourdonnements des insectes, répercutés par les échos de la plaine sans fin, affolant les oiseaux, les singes, les perruches, deux coups de fusil simultanés ont retenti dans le lointain.

C'est le signal convenu avec mon maître de langues pour me prévenir de l'approche d'une caravane.

Je mets mon cheval au galop de chasse, et ne tarde pas à arriver à proximité de la caravane.

La caravane s'étend à la file dans l'étroit sentier, que de longues allées et venues ont creusé dans le sable.

En tête marche un Maure de taille moyenne, sec, le teint basané, les yeux vifs, scrutateurs et intelligents.

De grands cheveux noirs et bouclés encadrent sa figure ovale. Son mboubou de guinée bleue serré autour de la taille et relevé sur les épaules, pour laisser les bras nus, il va, pensif, menant par une longue corde le premier chameau, qui s'avance d'un pas lent et majestueux.

A la queue de celui-ci est attachée la longe du chameau suivant, et les quarante chameaux marchent tous ainsi, attachés à la queue l'un de l'autre, déroulant à perte de vue leur bizarre procession, qui ondule comme une file de chaloupes sur des flots agités.

Ils n'ont pas l'air pressé d'arriver, malgré leurs dix jours de voyage, et vont le cou tendu, les narines au vent d'est, promenant sur l'espace immense un œil indifférent de bêtes habituées aux courses de longue haleine à travers les solitudes infinies.

J'arrive à quelque distance des chameliers, et je m'arrête, curieux de jouir du spectacle qui va commencer.

Mon maître de langues les aborde. Il s'est revêtu pour la circonstance de ses plus beaux habits, et a chargé ses épaules de pièces de guinée.

Il salue le conducteur de la caravane avec la plus grande courtoisie, puis d'un geste distrait, négligent, qui lui est familier, il fait faire demi-tour au premier chameau, et toute la caravane se trouve arrêtée en un instant.

« *Salam alekoum, malekoum salam.* Salut, dit-il, où vas-tu donc, brave narbi?

— A l'escale, reprend le chef ou kebir, je vais porter mes gommes à Fara N'Diaye, gare! laisse-nous passer! »

Cependant Maures et chameaux se sont rapprochés. Un groupe se forme autour de Behem Sis, qui retient toujours le Maure par son mboubou.

Des protestations indignées s'élèvent.

« Certes, vous ne connaissez pas mon blanc, reprend mon maître de langues sans se troubler.

« Fara N'Diaye ne vous payera pas bien vos gommes, et il cherchera à vous tromper sur la valeur des marchandises. Personne n'est si bon ni si généreux que mon blanc; vous allez trouver chez lui une large hospitalité.

« Voulez-vous de la cassonade, il vous en donnera à pleines mains; de la mélasse pour vous rafraîchir, il vous en remplira des calebasses. Vous pourrez rester chez lui tant que vous voudrez, et quand vous partirez, il ne manquera pas de vous donner de la poudre et des fusils. »

Puis, tendant au chef deux pièces de guinée :

« Je te prie d'accepter ces *ndimo,* tu me feras plaisir. »

Tandis que l'orateur poursuit sa harangue et qu'il distribue à la ronde du sucre, des biscuits et du tabac, voici d'autres maîtres de langues de différentes maisons qui accourent à leur tour.

Tous ensemble font les mêmes propositions, et de très vives discussions ne tardent pas à s'engager entre eux.

Le chef de la caravane accepte tous les cadeaux, écoute tout le monde et hoche la tête sans rien répondre. Il fait semblant de prêter son attention tantôt à celui-ci, tantôt à celui-là. Il débat ses prix et ne décide rien.

La scène s'anime, on crie, on se dispute. Les maîtres de langues, profitant du désarroi général, dénouent les cordes et amènent dans tous les sens les chameaux qui regimbent.

La caravane se disloque, à l'indignation des Maures, qui, furieux, la menace à la bouche, s'élancent sur les ravisseurs.

Ces derniers saisissent les Maures par leurs longs cheveux ou par leurs barbes, les serrent contre leurs poitrines, en

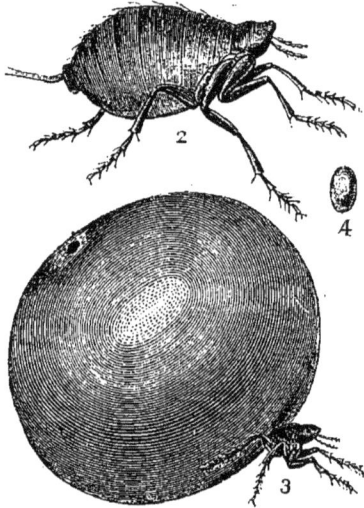

2. Chique mâle. — 3. Femelle dont le ventre est dilaté par les œufs.
— 4. Œuf.

ayant l'air de les cajoler, et cherchent ainsi à les entraîner avec eux.

Enfin, quand tous les moyens de persuasion sont épuisés, par le signe traditionnel et le mot *atch!*, prononcé d'une voix gutturale, les maîtres de langues font agenouiller tous les chameaux, et ils les déchargent d'un tour de main en faisant basculer leurs ballots; puis, contents de ce succès, ils se retirent un peu plus loin, en guettant l'occasion de revenir.

La nuit est tombée. Les Maures, abandonnés dans la brousse et voyant leurs bêtes déchargées, poussent d'abord des cris de rage. Ils rassemblent leurs ballots épars et les disposent en rond pour former une sorte de camp.

Bientôt cependant la soif et l'appétit longtemps comprimés

7

se font sentir, et comme la scène de tout à l'heure se reproduit chaque fois qu'ils arrivent à proximité d'une escale, les chameliers s'apaisent peu à peu.

Les plus rusés de la caravane sont détachés vers le village avec mission de se renseigner, de s'aboucher avec le traitant qui offrira les prix les plus avantageux, et de rapporter de chez lui des cadeaux et des provisions.

C'est le moment attendu par les maîtres de langues, qui connaissent trop bien la paresse des Maures pour croire qu'ils se décideront à recharger eux-mêmes leurs ballots. Ils feignent de s'éloigner, tandis que les narbis les interpellent à leur tour.

Enfin tout s'arrange pour le mieux. Pour terminer toute contestation, on se partage la caravane.

Des laptots, expédiés par les traitants, rechargent les chameaux.

J'ai regagné mon comptoir à la hâte, pour y recevoir une dizaine de Maures qui se déclarent affamés.

Sobres comme leurs bêtes pendant le cours de leurs voyages, ces fils du désert deviennent chez nous de révoltants et grossiers gloutons, qui parlent fort et réclament avec hauteur l'hospitalité.

Tout mon personnel est sur les dents. Ils boivent goulûment des calebasses d'eau et de mélasse, et attendent avec impatience un gigantesque plat de couscous que je leur fais préparer. Ils n'ont point encore vendu leurs produits et réclament déjà des cadeaux de toute espèce.

Soudain sur le pas de ma porte apparaît un noir de haute taille, à l'air intelligent et effronté, au regard brillant et sournois.

C'est Fara N'Diaye, le plus grand brasseur d'affaires de l'escale, acheteur de gommes et d'arachides, trafiquant d'esclaves et de chevaux, type accompli du grand traitant indigène.

Fara N'Diaye me salue, marche droit au plus vieux des Maures, dont la tête disparaît à moitié dans une calebasse, le saisit par les cheveux, et, sans lui laisser le temps de respirer, l'apostrophe durement :

« Dis donc, Narbi, crois-tu que je t'ai fait des crédits l'an passé pour que tu apportes tes gommes à ce blanc? Allons! déguerpis d'ici, recharge tes chameaux et viens promptement chez moi pour régler nos comptes. »

Le Maure nie hardiment sa dette; mais Fara N'Diaye ne

le lâche point et l'amène malgré ses cris en dehors de mon comptoir, tandis que ses laptots entraînent derrière lui les chameaux rechargés.

Je m'élance sur Fara, pour protester de cette infraction de mon domicile; mais je sais au fond qu'il ne ment pas, et que les Narbis sont réellement ses débiteurs.

« Blanc, me dit-il, je te permets d'en faire autant chez moi dans une pareille occasion. Il faut nous entr'aider, sans quoi cette vermine nous ruinerait. »

Je le laisse aller, et il part en riant pour recommencer chez mes collègues la même opération et reconstituer ainsi sa caravane dispersée.

Au milieu de tous ces débats, de nouveaux chameliers arrivent, aussi affamés que les premiers.

Je pose d'abord mes conditions, et ne les fais servir qu'après m'être assuré qu'ils ne doivent à aucun traitant de l'escale.

Bientôt entrent en foule dans ma cour des bœufs porteurs à bosse, chargés d'arachides et de mil.

Entre les deux charges qui s'équilibrent se prélassent, assis, les noirs qui conduisent les bœufs par une bride, comme des chevaux.

Vient ensuite, menée par des Laobés, toute une caravane de petits ânes gris.

Ces derniers venus sont mes gânes, c'est-à-dire mes hôtes ou clients sérieux.

Je consens à leur faire des crédits, et ils m'apporteront des graines.

Ma cour devient un fouillis inextricable d'hommes, de bœufs, d'ânes et de chameaux. Toutes les races de l'Afrique occidentale se sont donné ici rendez-vous.

Il y a là des Woloffs, des Mandingues, des Sarackolés, des Toucouleurs, des Peuls, des Bambaras, des Maures, des Diolas et des Laobés : les uns d'un noir d'ébène, les autres plus clairs; ceux-ci d'un cuivre foncé, ceux-là presque rouges; les autres enfin simplement basanés.

On peut aussi les distinguer à leurs cheveux, laineux chez les uns, crépus chez les autres, soyeux chez ceux-ci, frisés et bouclés chez les Maures.

Me voici bientôt entouré de ce monde original et fantastique.

Assis au milieu de cette foule grouillante, je cherche à faire à tous bon accueil, répondant à chacun, accédant à toutes les demandes qu'il m'est possible de réaliser. Les gens se bousculent, entrent, sortent, font dans mon comptoir un déballage de couvertures, de selles, de fusils, de harnachements.

Je sens une main puante de Maure qui caresse mon front, tandis qu'un noir presse sa tête entre mes deux genoux :

« Blanc, je t'ai apporté mes gommes, et tu dois être content ; mais un de mes chameaux vient de tomber malade, il faut absolument que je le remplace. Ne pourrais-tu pas m'avancer trois cents francs de marchandises, que je te rendrai une autre fois ? »

Les crédits sont une des plaies de la traite au Sénégal. C'est une des principales raisons qui donnent aux traitants européens une infériorité réelle sur les traitants indigènes, infériorité si manifeste, que dans notre colonie le nombre des blancs qui font la traite soit dans l'intérieur, soit sur le fleuve, est à peine de cinq pour cent.

Comment, en effet, ces derniers pourraient-ils avancer de l'argent ou des marchandises à un chamelier quelconque, qu'ils n'ont jamais connu et qu'ils ne reverront probablement jamais ?

Les traitants indigènes, au contraire, ont des relations très étendues dans le pays, et, s'ils ne rentrent pas toujours dans les déboursés faits pour le compte de leurs maisons, on peut être sûr qu'ils rentrent toujours dans les leurs.

Dans les escales du Sénégal, il est impossible de lancer une grande opération sans faire de ruineux crédits.

L'un a besoin d'argent, l'autre de marchandises, et les avances qu'ils ne trouvent pas chez un traitant, ils les recevront chez un autre.

Pas de crédit, pas d'affaires. On se décide donc à en faire quelquefois. On vous offre alors en garantie d'invraisemblables objets en or ou en argent plus ou moins contrôlés, des amulettes fameuses et des choses sans nom.

Les traitants indigènes obtiennent ainsi de vrais musées, qu'ils font figurer pour leur valeur fictive aux inventaires.

Ils se les passent même les uns aux autres, avec une confraternité touchante de bons larrons en foire.

Cependant le brouhaha augmente, et je ne puis maintenant répondre à toutes les exigences.

« Blanc, donne-moi ceci ; blanc, donne-moi cela. »

J'entre dans d'interminables discussions, et je suis obligé d'écouter sérieusement des histoires, toujours les mêmes, qui finissent invariablement par une demande de crédits.

Le jour est trop avancé pour qu'on puisse songer à peser les produits sur la bascule.

Je fais installer mes gânes dans des cases de paille carrées, appelées paillotes, et ne néglige rien pour contenter leur soif insatiable et leur robuste appétit.

La nuit est venue. Les Maures déploient leurs tentes en poils de chameau, si basses, qu'ils sont obligés de s'y couler en rampant.

Les derniers venus de mes gânes s'installent sur la galerie extérieure de ma boutique, et ma porte seule me sépare d'eux.

Il m'est impossible maintenant de sortir de ma chambre, dont l'entrée est barrée par des groupes humains.

Le silence se fait profond, coupé de temps à autre par un ronflement sonore ou le retentissement d'un canon de fusil qui roule sur la dalle.

J'ouvre alors ma fenêtre. C'est le seul moment de la journée qui soit à moi.

Des millions d'étoiles brillent dans les profondeurs des cieux, une brise douce et légère flotte dans l'atmosphère attiédie.

A quelques pas de moi, des Maures, accroupis en cercle autour d'un feu mourant, regardent obstinément la flamme vacillante sans proférer un mot.

Çà et là des chevaux, des ânes et des bœufs forment des taches sombres sur le sable blanc.

Au-dessus des tentes s'allonge le cou tendu de quelque chameau, qui rumine en somnolant.

Rien ne bouge plus.

Où suis-je donc ce soir? Mon imagination malgré moi traverse les espaces et s'élance par delà les temps. Est-ce bien un spectacle moderne que j'ai devant les yeux, ou plutôt n'est-il pas vrai que je suis revenu aux temps des patriarches et que cette scène biblique se passait il y a de ça quatre mille ans?

Ce sont les mêmes décors, les mêmes costumes, et probablement aussi les mêmes mœurs.

Et, comme pour me donner raison, la silhouette d'un caravanier sarackolé qui se redresse rappelle à s'y méprendre un bas-relief égyptien.

La vie primitive est là sous mes yeux, palpable, réelle, vécue, et je sens un bonheur inexprimable à la surprendre sur le fait.

Je puis presque sans fantaisie reconstituer l'histoire, remonter la chaîne des âges et pénétrer la psychologie effacée des antiques générations.

Par une sorte d'enchantement, l'illusion devient complète. Il me semble que je ne suis plus moi-même, que je me dépouille de toutes les idées de mon époque et que je vis, en réalité, aux temps lointains des Pharaons.

Le glapissement d'un chacal me tire soudain de ma rêverie. Je me secoue, l'humidité engourdit mes membres.

Je me retire dans ma chambre en jetant un dernier regard autour de moi.

Les feux du camp sont éteints. Les Maures se glissent silencieusement sous leurs tentes. Le décor a changé, la nature n'est plus la même, et dans les cieux profonds les étoiles ont disparu.

Je me réveille au chant du coq, *ti sab i garan*. J'entends dans le lointain retentir les pilons.

Rien n'est plus suave, plus frais, plus charmant que le réveil de la nature dans la brousse à cette heure matinale.

Le soir et la nuit y sont pleins d'horreur et de frissons, mais l'aube rougissante et parfumée y cause d'indicibles ravissements.

L'air s'empreigne de senteurs vivifiantes, une multitude d'oiseaux multicolores met des diamants à tous les buissons.

La danse des pilons monte en cadence de toutes les cases éparpillées.

La voix grave des marabouts, prosternés pour le salam, s'atténue dans l'atmosphère encore humide.

Cela ressemble à un matin d'été dans nos régions du Midi, avec quelque chose de plus flottant, de plus impalpable et de plus léger.

L'aube s'efface. Le soleil commence à montrer son disque rouge. Hommes et bêtes, tout s'éveille alentour.

Les coqs perchés sur les arbres et sur les toits des cases montent leur gamme à plein gosier.

Les bœufs se dressent, les chameaux s'érigent, les ânes braient, et les hommes font leurs ablutions en s'étirant.

Il y a pendant quelques minutes un va-et-vient silencieux. De tas de guenilles étendues sortent des faces humaines qu'on n'y soupçonnait pas.

Des voix confuses bourdonnent, deviennent plus distinctes; mille bruits s'élèvent, la rumeur s'accroît, grandit toujours.

Le soleil monte à l'horizon, on plie les tentes. Chacun est debout; l'heure du travail va commencer.

J'apparais, et à ma voix mes laptots débarrassent la bascule installée en plein air. C'est le moment de peser les produits.

Les Maures circulent alentour, examinent la machine d'un air défiant, s'approchent, la tarent pour voir si elle est juste, et chacun à tour de rôle recommence la même opération.

Toutefois, avant de commencer, je veux faire vider sur une toile les ballots, afin de séparer la gomme de son écorce ou *abaca*.

La gomme est recueillie dans de vastes bois d'acacia, situés à dix jours de marche au delà du fleuve du Sénégal.

On fait des incisions sur ces arbres, et le vent d'est en fait découler un suc qui se durcit et va grossissant chaque jour.

Les Maures font arracher par leurs esclaves les boules ainsi formées, et ont la prétention de nous vendre au même prix leurs gommes et l'écorce adhérente ou abaca.

Une discussion très vive s'engage à ce sujet. Les chameliers ne veulent rien concéder, ni moi non plus.

Ils se retirent un instant à l'écart, se consultent entre eux, puis reviennent.

« Blanc, disent-ils, nous voulons bien te céder nos gommes, mais à la condition que tu prendras nos abacas à moitié prix. »

Pour ne pas laisser partir la caravane, je feins d'accéder à leurs prétentions.

On commence le triage, pendant que les plus rusés tarent de nouveau la bascule pour voir si je ne l'ai pas faussée dans l'intervalle.

Les autres s'accroupissent alentour, et l'on entasse les ballots pour la pesée.

Le silence se fait. Je proclame le poids, et je calcule le montant.

Je sens des yeux interrogateurs fixés sur moi. Je dis le chiffre.

« *Arah !* non ! » s'écrient-ils en chœur.

C'est leur tactique ordinaire, et je reste impassible.

Les Maures calculent très vite et savent parfaitement la valeur de leurs produits.

Je les abandonne un moment à leurs protestations :

« Blanc, donne-nous en plus une pièce de guinée, et nous acceptons. »

Je leur accorde simplement cinq têtes de tabac en feuilles.

Nous finissons par tomber d'accord, et nous continuons à peser.

Après chaque proclamation, je verse dans leurs mains l'argent, qu'ils connaissent bien.

Ils le recomptent écu par écu, le soupèsent, le font tinter, le retournent dans tous les sens.

Le troc direct des produits indigènes contre les produits européens se fait assez souvent dans les escales.

Mais les Maures ou les noirs préfèrent généralement être payés en espèces, et convertissent ensuite celles-ci en marchandises.

Comme on le voit, la méfiance la plus absolue à l'égard d'un blanc est élevée par eux à la hauteur d'un principe.

La matinée se passe ainsi en interminables discussions.

Le soleil tombe d'aplomb sur nous, et j'interromps alors mon travail. Les Maures redemandent insolemment à boire et à manger, manifestent des exigences de toutes sortes et déclarent qu'ils attendront le jour suivant pour continuer la pesée.

Ils aiment ainsi à prolonger les intervalles de leur trafic, à se reposer plusieurs jours aux frais d'un traitant, et ils ne repartent que repus, entièrement refaits des fatigues et des privations d'un long voyage.

Ce qui fait leur compte ne fait pas du tout le mien.

J'insiste avec force pour en finir avec eux, mais ils s'y refusent absolument.

Mon après-midi se passe encore à la bascule. J'ai affaire cette fois avec mes gânes du Cayor et du Walo, qui m'ont apporté du mil et des arachides.

L'arachide est une légumineuse annuelle qui pousse dans les longans ou champs du Cayor, du Walo, du Ndiambour, et qu'on récolte même dans le haut fleuve, au pays de N'Galam.

Ses feuilles sont à quatre folioles, sans vrille; ses stipules sont allongées et adhérentes au pétiole. Les feuilles qui éclosent à la partie supérieure restent stériles, tandis que celles qui sont placées à la partie inférieure produisent une gousse dont la queue s'enfonce à plusieurs centimètres dans le sol. Ces gousses renferment des fruits assez semblables à des noisettes. Les noirs font griller la pistache ou *gerté,* et l'emploient comme aliment.

Aujourd'hui l'industrie tire de l'arachide une huile limpide, inodore, utilisée couramment à la place de l'huile d'olive sur tous nos marchés d'Europe.

La première pression obtenue porte même un nom reconnu dans le commerce, nom légèrement ironique, car elle s'appelle huile d'olive vierge.

Pour en revenir à mes gânes, porteurs d'arachides, leur défiance est moins alarmée que celle des Maures.

Ils savent eux aussi ce que doit leur rapporter à peu près le chargement de leurs bœufs ou de leurs ânes, car ils ont acheté leurs graines dans l'intérieur, calebasse par calebasse; mais, grâce à quelques petits cadeaux, nous tombons presque toujours d'accord.

Vers quatre heures du soir, j'abandonne la bascule et m'installe derrière mon comptoir.

Le moment est venu de rattraper aux chameliers tout l'argent que j'ai déboursé pour l'achat de leurs produits.

C'est à mon tour d'être conciliant et de faire valoir mes marchandises : ·

« Allons, mon brave Narbi, achète-moi des guinées; je viens de recevoir des *roums*, des *baras*, des *limeneas* (cotonnades), qui feraient bien ton affaire. J'ai des cordages et de la toile à voile. »

A d'autres je propose de la cassonade, du tabac en feuilles, de l'huile de palme, des verroteries, du sel ou des boules d'ambre.

Cependant le jour s'écoule, et les affaires heureusement me laissent un instant de répit.

Les Maures se dispersent dans le village, entrent dans les comptoirs d'autres traitants et y reçoivent de nouvelles propositions.

Les chameliers ont reçu chez moi une grande hospitalité; mais ils trouvent très avantageux de la faire durer le plus longtemps possible, en offrant leurs produits aux traitants indigènes, qu'ils quitteront d'ailleurs dans les mêmes conditions.

Un de mes noirs, qui épie leur démarche, m'avertit de ce qui se passe, et sans avoir l'air de me douter de rien je leur fais servir un grand plat de riz au poisson sec.

Tandis qu'ils se gorgent à la ronde et font des hauts-le-corps pour m'exprimer leur satisfaction, un de mes laptots, à la faveur de la nuit, fait habilement l'échange d'un de leurs sacs de gomme avec un sac semblable renfermant les abacas que je leur ai payés ce matin.

Me voilà donc indemnisé de tous mes frais. Ils peuvent partir maintenant, nous sommes quittes.

7*

Les Maures se gardent bien de rien laisser transpirer de leurs projets. Ils deviennent plus caressants, plus familiers, et insistent sur les nombreux sacs de gomme qu'ils comptent me vendre demain.

« Blanc, donne-nous des *mata* (cadeaux), » disent-ils.

Je reste insensible, refuse tout et les prie désormais d'aller se faire nourrir ailleurs.

Ils ne semblent pas comprendre; mais au milieu de la nuit, quand les ténèbres sont devenues profondes, la caravane se lève aussitôt, boucle ses sacs et ses guenilles, et décampe sans bruit avec le reste de ses gommes et ses abacas. Elle s'en va ailleurs recommencer ses ruses, puis dans quelques jours elle repassera le fleuve et ira se perdre de nouveau dans le désert.

Je la suis longtemps des yeux, et maintenant qu'elle me devient indifférente commercialement, elle reprend pour moi son aspect poétique, qu'elle ne mérite certes pas.

Qui sont ces hommes? D'où viennent-ils et où vont-ils?

La vie, après tout, n'est qu'une caravane dont le point de départ est inconnu, et qui disparaît comme elle dans la nuit.

Une bonne nouvelle.

Tandis que je faisais mes préparatifs d'inventaire, j'ai reçu un courrier de Saint-Louis. Il m'annonçait qu'on avait besoin de moi pour la traite prochaine, et que j'allais prendre le premier bateau en partance pour l'Europe, afin de me reposer au pays natal.

Je n'avais point encore songé à ce repos, et voici qu'à l'idée de revoir la France mon cœur se mit à battre à rompre ma poitrine. La patrie! ma mère! noms chéris qui faisaient trembler des larmes à ma paupière. J'allais donc enfin les retrouver, après quatre ans d'absence et de lointains travaux.

J'étais presque un enfant à mon départ, et je leur revenais un homme, mûri par la souffrance et par l'isolement!

Je repassai toutes mes fatigues, les dangers que j'avais courus; je les trouvai légers, maintenant que j'en étais sorti indemne, et je pourrais désormais charmer les veillées maternelles de leur émouvant récit. Que de changements opérés en moi!

Soudain je fus pris d'un désir subit de partir tout de suite.

Je devais quitter M'Pal deux jours plus tard, mais ce délai me sembla interminable. Moi qui, deux minutes auparavant, n'envisageai pas la possibilité du retour, je me figurai ce terme de deux jours indéfini.

Fiévreusement je me mis à faire mes malles, annonçant à chacun mon heureuse nouvelle. Le bruit s'en répandit bientôt dans le village, et le soir même une foule de nègres vint m'apporter l'expression de son chagrin. Tous me réclamaient un souvenir d'adieu. Ma cuisinière, avec des larmes, me demanda de l'emmener.

Je ne tardai pas à discerner l'inconvénient de faire connaître trop promptement ses décisions. J'avais été touché au début de cette explosion de sympathie; mais, quand je vis tous mes noirs exploiter la situation en me demandant un cadeau, je voulus m'en débarrasser en leur assurant que je reviendrais à M'Pal avant trois mois.

Les réclamations des nègres changèrent alors de face. Chacun me fit promettre de lui rapporter quelque chose de France, non sans me supplier, au préalable, de lui laisser au moins un petit gage d'amitié de leur « blanc incomparable ».

C'est au milieu de ces vicissitudes que j'atteignis enfin le jour du départ.

CINQUIÈME PARTIE

SAINT-LOUIS

———

Cruelles déceptions.

Je viens d'éprouver une bien cruelle déception. Le *Turenne*, qui devait me transporter en France, ayant trouvé un chargement complet à Rufisque, a fait voile directement vers l'Europe sans remonter à Saint-Louis.

Je dois attendre maintenant le prochain paquebot. Quinze longs jours! Bien des choses peuvent se passer d'ici là, et depuis mon arrivée ici je me sens tout à fait indisposé. L'ébranlement nerveux qui me soutenait depuis l'annonce de mon départ est tombé avec mes illusions.

J'ai eu cette nuit un horrible cauchemar. La tête coupée d'un nègre écrasait ma poitrine, et ses lèvres lippues, collées contre ma chair, s'entr'ouvraient pour me dire :

« Blanc, je vais te dévorer le cœur. »

J'ai le pressentiment que je ne reverrai plus la France!

Ce matin un de nos collègues, un tout jeune homme, est mort à l'hôpital d'un accès pernicieux. J'ai voulu aller le voir une dernière fois.

On m'a introduit dans une salle basse, non loin de l'amphithéâtre. L'infirmier en chef qui me conduisait a soulevé le couvercle de la bière, et j'ai reculé tout à coup d'épouvante.

Le poing droit du mort, crispé et raidi, avait écarté le suaire trop étroit, et de sa bouche, affreusement tordue, le cadavre, les yeux encore ouverts par la terreur, semblait lancer vers le ciel une suprême malédiction.

La mort de notre collègue a été suivie peu après de la maladie d'un autre agent. Le désarroi s'est mis immédiatement

Dans la brousse.

dans nos fonctions respectives, et ce que je prévoyais est arrivé. L'agent général m'a prié de retarder encore mon départ, et j'ai été chargé, en attendant, des occupations alternatives de la boutique et de l'extérieur.

A la dérive.

Nous descendons le Sénégal pour aller chercher, à six kilomètres de Saint-Louis, un navire venu de la Norvège, nous apportant du pitch-pin. J'emmène avec moi sur un chaland une soixantaine de noirs, insouciants et gais. Ils chantent d'étranges mélopées, des refrains bizarres, tandis que les laptots soulèvent les rames en cadence. Nous filons vite, trop vite même, car je m'aperçois bientôt que le courant nous emporte à la dérive. J'interpelle le chef laptot :

« Malick !

— Quoi ?

— Fais gagner le bord à tes rameurs. »

Mais les noirs sont maladroits; le chaland tourne sur lui-même, se rapproche un instant de la berge, puis se laisse entraîner de nouveau.

Il glisse rapidement sur les eaux étincelantes. On n'aperçoit plus les bords du fleuve, et je me demande avec anxiété si nous n'allons pas être entraînés ainsi jusqu'à la barre du Sénégal, et peut-être nous y échouer.

« Comment as-tu choisi de pareils hommes? ils n'ont jamais ramé de leur vie, dis-je à Malick.

— *Kram*, sais pas, » répondit-il, et nous continuons à descendre le fleuve, qui nous pousse à la mer.

Tout à coup nous apercevons un navire; il porte le pavillon norvégien et ne peut être que celui au-devant duquel nous allons. Malick et plusieurs noirs enlèvent sur mon ordre leur mboubou et font des signaux de détresse. On nous aperçoit heureusement; un canot monté par deux hommes se détache du bord et vient à nous à force de rames. Ils nous accostent, et je leur fais comprendre avec des signes, car ils ne parlent pas le français, que nous venons pour débarquer leur bateau. S'emparant alors de nos rames, ils font tourner le chaland et nous dirigent vers le navire norvégien. Nous l'abordons enfin ; on me jette une échelle de corde, et je grimpe à bord. Un colosse aux cheveux roux, la barbe hirsute, m'attend à la coupée et me tend la main. C'est le capitaine. Nous nous saluons chacun dans notre langue, sans nous comprendre mutuellement.

Alors commence entre nous une mimique très intéressante, d'où il ressort que c'est bien lui qui nous apporte du pitch-pin, et que moi je représente la maison auquel il est adressé. Il me conduit à sa cabine, me montre ses papiers, ses chartes-parties et m'offre un verre de genièvre. Nous voilà attablés dans son étroite cabine. J'examine tout autour de moi, et je me demande comment la vie d'un homme peut contenir dans un espace aussi restreint. Il y a là quelques photographies aux murailles de bois arrondies, un chronomètre, une carte du monde, et c'est tout.

La cloche du bord pique midi. Le capitaine m'invite à déjeuner, et j'accepte sans façon. Le repas d'un capitaine norvégien est aussi simple que le brouet de l'antique Lacédémone. Il se compose de biscuits de mer, de lard fumé et de conserves de bœuf pour les grandes circonstances. L'eau fait d'ordinaire les frais de la boisson; mais il débouche, pour me faire honneur, une bouteille d'excellente bière. Par exemple, le capitaine a l'appétit homérique. Il broie entre ses robustes mâchoires les durs biscuits, que je casse avec le manche de mon couteau. Il a l'air satisfait d'être arrivé, et dévore le lard en m'invitant à lui faire honneur. Le soleil entre à flots par la porte ouverte, se joue sur les parois du navire, et vient mettre des reflets d'or à la longue barbe de mon amphitryon. Nous voilà devenus très bons amis. Pour tout dessert on nous apporte un pot de marc de café. Je lève alors mon gobelet d'étain, et je porte un toast à la Norvège, au capitaine et à son navire. Il paraît très satisfait, lève son verre lui aussi, et me fait un petit discours auquel je n'entends rien, mais que j'approuve très fort avec des hochements de tête significatifs. Je lui offre un cigare, et nous allons fumer sur le pont, où déjà se sont entassés tous mes noirs. C'est l'heure du salam. Ils se mettent en ligne, se tournent vers l'Orient, et à la stupéfaction du capitaine et de ses hommes commencent leurs génuflexions.

Au-dessus de ces fronts prosternés, les six hommes qui constituent l'équipage de la goélette ressortent avec leurs mâles figures du Nord, hâlées par le souffle du large et belles de la fierté virile des races de conquérants.

A une heure on se met au travail. Les sabords sont ouverts,

pour faire passer les poutres et les madriers. D'autres chalands
envoyés par notre maison accostent le navire, et l'on commence le déchargement. Il est facile de voir ce que peuvent
l'adresse et l'habitude. Les noirs se mettent dix pour soulever
une poutre, s'excitent à l'envi, se penchent, poussent un cri;
mais, comme chacun compte sur l'effort du voisin, la lourde
poutre de pitch-pin ne bouge pas. Alors, de sa main calleuse,
un des matelots norvégiens envoie rouler par terre cinq ou six
noirs et, saisissant à lui seul la poutre par un bout, passe un
rouleau de bois au-dessous d'elle, la fait pivoter et la lance
par l'embrasure du sabord; les noirs se relèvent, voudraient
se révolter, mais devant la carrure et la force athlétique du
matelot, qui n'a pas l'air de plaisanter, ils se recueillent et se
contentent de grommeler entre leurs dents :

« *Toubab li mous.* Ce blanc est malin. »

A cheval sur le bastingage de la goélette, je surveille mes
hommes et je compte au fur et à mesure les madriers qui s'en-
tassent dans le chaland. Les noirs travaillent maintenant avec
entrain et échangent parfois quelques mots avec les Norvégiens,
qui rient sans comprendre, amusés de leurs gestes et de leurs
singeries.

Vers six heures du soir, nous interrompons le déchargement.
Le capitaine et moi grimpons sur une haute pile de madriers,
sous lesquels disparaît le chaland lui-même, et de là, dominant les flots que teinte de ses lueurs crépusculaires un radieux
soleil couchant, nous remontons le fil de l'eau, tandis que nos
noirs, à la cordelle, entraînent le chaland dans la direction de
Saint-Louis.

Un soir de dimanche à Saint-Louis.

Mes camarades m'ont entraîné à la musique, qui a lieu le
soir dans l'allée de Guet N'Dar. Saint-Louis s'enveloppe dans
la nuit, qui tombe avec solennité. Nous longeons la grille du
gouvernement et traversons la grande place solitaire et ensablée. Nous voici enfin arrivés au petit bras du fleuve. En face
se dresse fièrement la statue en bronze de Faidherbe en tenue
de campagne, droit sur son piédestal, montrant d'un geste
énergique la route de Médine et du Soudan.

En ce moment, des sons lointains arrivent jusqu'à nous. La

musique de l'infanterie de marine prélude par une valse de
l'autre côté du fleuve. Nous traversons à la hâte le pont qui
relie Saint-Louis à Guet N'Dar, et nous voici enfin dans l'allée
de cocotiers. De chaque côté on aperçoit des noirs assis pêle-
mêle sur le sable, devant leurs cases carrées. Sur la gauche,
la langue de Barbarie s'étend indéfiniment, toute blanche, aux
clartés de la lune, qui se lève désolée sur cette limite extrême
du Sahara.

A droite, une rangée de comptoirs à l'européenne défile
jusqu'au village N'Dar Tout, et finit brusquement au milieu de
cases de joncs. Par cette nuit, aux accents des fanfares que
domine parfois le tumulte des flots, la nature africaine revêt
un cachet indéfinissable de grandeur sauvage et de mélancolique beauté.

Nous nous frayons un passage, glissant parmi des groupes
connus, animés, échangeant des signes de tête et des poignées
de main. Soudain la musique attaque l'air connu des *Cloches
de Corneville* :

> Dans mes voyages,
> Que de naufrages, etc.

Une bande effarouchée d'oiseaux s'envole de toutes parts.
Et moi je m'arrête, saisi, plein d'émotion aux accords de cet
air si gai jadis, et qui me pénètre maintenant d'une tristesse
infinie. Aux sons joyeux de la musique, tous mes souvenirs
lointains de jeunesse réveillés s'envolent, légers comme des
colibris. Je reste là debout, étonné de me retrouver au milieu
de cette nature étrangement bizarre et pittoresque. La mer
près de nous galope, retentit et s'écrase sur la grève; une brise
tiède et douce fait frémir les cocotiers.

Autour de moi des noirs en mboubou blanc scandent les
notes avec des expressions de tête, superbes et pensifs. Cet air,
qui les tient maintenant immobiles, ils ne l'oublieront jamais.
Demain, en descendant le Sénégal sur leurs chalands, ils le
chanteront à leur tour aux caïmans et aux crocodiles étonnés.
Les solitudes les plus profondes, les déserts les plus reculés
de l'Afrique équatoriale répèteront un jour ces notes joyeuses,
qui semblent se perdre ce soir dans la voix murmurante de la
brise et le fracas des vagues déchaînées.

Bay Samsane.

Dialakar dormait tranquille au bord de son marigot. Aucun bruit ne venait troubler ce village nègre endormi dans la nuit. La chaleur était lourde, suffocante; une nuée de moustiques dansaient leur sarabande autour de moi. Je me levai et sortis dans la campagne, pour aspirer un air plus rafraîchi. Aux clartés de la lune, le marigot scintillait comme un large miroir; nulle ride à sa surface. Je me dirigeai vers un bouquet de palmiers nains, dans l'intention de m'asséoir sur la berge et d'y passer une heure à regarder le ciel et l'eau, à écouter en rêvant les mille bruits qui montaient des broussailles et les cris lugubres des fauves, qui faisaient frissonner le lointain.

J'étais assis à peine depuis quelques minutes, quand j'aperçus entre les arbres la haute silhouette d'un homme qui s'avançait lentement vers moi. Il était enveloppé d'un large mboubou blanc; une sorte de capuchon bleu drapait sa tête, dont je ne distinguais pas bien les traits.

« Tiens, c'est toi, mon blanc? » fit tout à coup une voix que je reconnus.

Je me levai.

« Souleyman! je ne te croyais pas ici.

— Ni moi non plus, répondit le noir.

— Mais que viens-tu faire à cette heure, Souleyman? »

D'un geste il me montra le marigot.

« Je viens lever mes filets, dit-il. Tu sais que je fais la pêche pendant l'hivernage. Je suis de Dialakar, et c'est une de mes occupations pendant la saison où la traite ne va plus. »

Souleyman était un homme extraordinaire. Je l'avais connu à Kelle et à M'Pal, où il n'exerçait aucune profession déterminée. Grand marabout, il avait beaucoup voyagé dans son jeune temps; il avait visité Tombouctou et devenait, selon les occasions, traitant, caravanier, pêcheur ou fabricant de gris-gris. Il connaissait à merveille l'histoire de son pays, pouvait réciter sans broncher le Koran d'un bout à l'autre, et jouissait auprès des noirs de la réputation d'être un *nabino,* c'est-à-dire un marabout prophète.

« Veux-tu me mener avec toi? dis-je à Souleyman. Je suis

venu respirer le frais au bord de l'eau, et j'aurais grand plaisir à participer à ta pêche.

— Volontiers. »

Il détacha une pirogue dissimulée derrière des lianes, m'y fit entrer le premier, y monta ensuite, et en quelques coups de pagaie gagna le large.

Une brise faible, parfumée, légère comme un souffle, flottait dans l'air attiédi. Sur le marigot immobile, la pirogue glissait lentement, effaçant de son ombre les étoiles qui se reflétaient à l'infini sur les eaux.

Souleyman avait planté durant le jour de longues perches au milieu du marigot, et y avait attaché ses filets. Sa pêche fut merveilleuse. Les mailles crevaient sous le poids des poissons, que nous jetions au fur et à mesure au fond de la pirogue. Bientôt il fallut nous arrêter, car nous n'avions plus de place.

« C'est assez pour aujourd'hui, *barak Allah*[1]*!* » dit Souleyman.

Dépliant alors un pagne, il en tira un gâteau de mil, prononça quelques paroles mystérieuses et lança le gâteau au milieu de l'eau.

« Que fais-tu? lui dis-je étonné.

— C'est le plat que réclame *Bay Samsane*, le génie du lac, répondit-il.

— Tu crois donc aux génies, Souleyman? »

Le marabout me dévisagea; un sourire de pitié profonde passa sur ses lèvres; il reprit :

« Vous autres blancs, vous ne croyez à rien; vous riez de nous, et nous vous rendons la pareille, certains d'ailleurs qu'autour de nous s'agite un monde invisible d'êtres surnaturels et de génies.

— Quels sont donc ces génies?

— Ce sont nos ancêtres, dit-il, les premiers hommes qui ont habité le monde à son origine. *Yallah* leur a accordé de ne jamais mourir, et ils habitent près de nous des lieux qu'ils ont jadis connus et aimés.

— Ils ne sont donc pas tous au fond des eaux?

— Non, les uns vivent dans des palais souterrains avec leur femme et leurs enfants ; d'autres placent leur résidence sous les mers et sous les lacs profonds. Chaque région, même celle des blancs, a ses génies familiers qui sortent la nuit de leur

---

[1] Dieu soit béni.

retraite, affectent selon leur fantaisie des formes d'hommes ou d'animaux. Ils entrent librement dans vos maisons ou dans nos cases, et nous envoient pour nous avertir des songes terribles ou légers.

— Ce que tu me dis là m'intéresse, dis-je à Souleyman. Je ne suis pas aussi incrédule que je puis te le paraître, et je serai fort curieux de connaître l'histoire de l'un de ces génies. Raconte-moi donc ce que tu sais de Bay Samsane, toi qui lis dans le passé et connais peut-être l'avenir. »

Souleyman s'assit simplement au fond de sa pirogue, et je pris place à ses côtés.

« Écoute, me dit-il en appuyant son menton sur le coude droit.

« Il y a au moins mille ans, bien avant que les blancs eussent foulé cette terre, tous les Woloffs ne formaient qu'une vaste confédération. Chaque village indépendant se gouvernait lui-même, et nommait son chef parmi les vieillards. Le territoire n'était pas divisé en Cayor, en Baol, en Djoloff, en Walo, en Sine et en Saloum, comme il l'est aujourd'hui. Le Sénégal formait en cet endroit un vaste lac, qui couvrait une grande partie du Walo. De nombreux villages s'élevaient de tous côtés sur ses bords. Or, un jour, des enfants du pays vinrent couper du bois sur la lisière de la forêt. Au lieu de faire de petits tas séparés, ils jetèrent leur bois pêle-mêle, puis s'amusèrent dans les eaux, taquinant les crocodiles qui bâillaient au soleil. Quand la nuit fut venue et que chacun dut emporter sa provision, une dispute s'éleva; on en vint aux mains. Soudain, du milieu du marigot, monte une forte voix qui dominait les cris. Les enfants se retournent étonnés : ils aperçoivent un grand vieillard qui marchait sur les eaux et se dirigeait vers eux. Ils s'enfuient épouvantés; mais pour la seconde fois la voix se fait entendre :

« — Arrêtez, enfants, je suis le génie du lac, le gardien de ce pays. »

« Et le mystérieux fantôme descendit sur la berge, sépara le bois par tas égaux.

« — Maintenant, dit-il, ne parlez à personne de mon apparition; que chacun s'en aille chez soi et ne vienne plus par ses disputes troubler la majesté de ces lieux. »

« Puis il se retourne, et, s'enveloppant dans un brouillard épais, il disparaît. Muets de stupeur, les enfants chargèrent leur bois; mais, oublieux de la recommandation du génie, ils s'empressèrent d'aller raconter le prodige dont ils avaient été témoins. Le bruit de l'étrange apparition ne tarda pas à se répandre aux alentours. Personne ne mettait en doute l'existence des génies ; mais aucun, disait-on, ne s'était ainsi manifesté en plein jour. De toutes les parties du Cayor, du Walo et du Baol on se rendit en foule autour du marigot.

« Or il y avait en ce temps-là à N'Guiguis un chef puissant, aussi célèbre par sa valeur que par sa science et sa vertu. Il se nommait Biram Paté. Il possédait de grands troupeaux de bœufs et de moutons, six cents chameaux, beaucoup d'esclaves. Yallah l'avait comblé de fils et de filles, et Biram se réjouissait de voir sa postérité s'accroître autour de lui. Mais de tous ses enfants, la plus chère était celle qui lui était née la dernière, dans sa vieillesse, et qu'il appelait Fatimata. Fatimata était une très belle jeune fille, que recherchaient tous les chefs du pays ; mais, comme si une révélation mystérieuse lui eût appris son brillant avenir, elle n'avait voulu répondre à aucune avance. Elle avait entendu parler, elle aussi, du génie de Dialakar, et demanda à son père de l'amener avec lui sur les lieux du prodige. Biram se laissa persuader. Quand les deux pèlerins arrivèrent au bord du marigot, une foule nombreuse s'y était rassemblée de tous les pays voisins. Le tam-tam ne cessait d'y retentir, accompagnant des danses et des festins. Les prémices de tous les repas étaient jetés au génie inconnu, et on appelait à grands cris une nouvelle apparition. Mais les prières furent vaines : le génie persistait à demeurer invisible. Bientôt on désespéra de le voir, on ne songea même plus à lui, et cette indifférence criminelle conduisit les représentants des divers villages à une rixe qui dégénéra même en bataille générale. Déjà les coups suivaient les menaces, quand soudain le tonnerre gronde, la foudre sillonne la nue, le jour s'obscurcit, la cime des forêts s'incline sous un vent de tempête, la terre tremble, le lac soulève ses vagues jusqu'au ciel, et jette enfin sur le rivage un grand vieillard, le génie aperçu par les enfants.

« — Arrêtez, crie celui-ci d'une voix forte, arrêtez ! O mes fils, vous êtes tous sortis de moi, et vous allez ensanglanter vos mains fraternelles. Pourquoi vos querelles me forcent-elles pour la seconde fois à quitter les palais que j'habite au fond des eaux ? Jadis vous étiez forts, aujourd'hui vos divisions font de vous des tribus prêtes pour la servitude. Des étrangers viendront un jour qui s'empareront de vos terres et vous soumettront à leurs lois. Ne formez désormais qu'un seul peuple, choisissez-vous un chef unique, et vous resterez toujours forts par cette union. C'est moi qui suis Bay Samsane, le premier père de la race des Woloffs. Aux premiers temps du monde, quand nous eûmes quitté une contrée de l'Orient, aux sources d'un grand fleuve, comme celui qui arrose ce pays, c'est moi qui vous ai conduits dans ces régions. »

« Tous écoutaient en silence et à genoux. Le vieillard voulut alors s'éloigner et revenir au marigot; mais un grand marabout, le plus âgé de l'assemblée, se leva :

« — O notre père, dit-il, nous te supplions de ne pas nous quitter. Ce chef dont tu parles ne peut être que toi ; car, livrés à nous-mêmes, nous tomberions dans des discordes soulevées par des défiances ou des rivalités mutuelles. Deviens notre roi, et nous serons heureux de t'obéir.

« — Oui, s'écria-t-on alors avec enthousiasme, deviens notre roi. »

« On l'entourait, on le pressait; mais lui, hochant la tête :

« — Non, disait-il, laissez-moi partir, laissez-moi rentrer dans mes demeures. »

« Mais on devenait plus hardi; les jeunes gens le retenaient par la main, pleins de déférence, et lui barraient la route en se jetant à ses pieds. On osa même l'amener dans une case, où on lui présenta les couscous les plus savoureux. Bay s'obstinait toujours dans sa résolution. Alors les noirs se permirent une chose inouïe, qu'Yallah aurait punie sans doute si elle n'avait été dictée par de bonnes intentions. Ils retinrent Bay prisonnier. Le vieillard n'opposait d'ailleurs aucune résistance. Pendant plusieurs jours il se laissa garder à vue, mais refusa de toucher aux mets qu'on lui présentait. Les noirs, affligés, craignirent le courroux de Bay. Ils résolurent donc de lui laisser sa liberté. C'était le soir; chacun se retira sans bruit, anxieux de savoir ce qui allait se passer.

« Or, cette nuit-là même, Fatimata eut un songe. Bay Samsane lui apparut, et comme dans son trouble elle allait pousser un cri :

« — Ne crains rien, ma fille, lui dit-il, je t'ai choisie entre toutes pour assurer le bonheur des Woloffs. Lève-toi et va piler du mil dans le premier mortier que tu trouveras en sortant de cette case; prépare-moi avec de la farine un gâteau auquel tu mélangeras du lait et du miel, puis tu viendras me l'apporter la nuit prochaine, et toi seule auras le don de toucher mon cœur. »

« Fatimata se leva donc, apprêta le gâteau, suivant les prescriptions du génie; puis elle alla trouver son père, toucha ses cheveux blancs, s'en frotta la figure et les mains par respect, et s'agenouillant :

« — Mon père, j'ai vu cette nuit le génie du lac. Il m'a commandé d'aller lui porter un gâteau que j'aurais préparé de mes propres mains. »

« Biram se réjouit dans son cœur à cette nouvelle. Il imposa les mains à Fatimata, et lui dit simplement :

« — Il faut obéir au génie; va, ma fille. »

« Elle se dirigea vers la case où Bay était resté depuis deux jours, bien qu'on eût relevé les gardes qui le surveillaient. Elle s'arrêta un instant, et pénétra en tremblant dans l'enceinte de paille. Le vieillard dormait sur une natte; un feu allumé au fond de la case faisait resplendir ses traits nobles et majestueux. Fatimata se prosterna d'abord le visage contre terre sans oser le regarder; puis, comme il restait toujours immobile, elle s'étendit à ses pieds et attendit.

« Le jour commençait à poindre, et les bengalis s'éveillaient dans les bois, quand Bay Samsane sortit de son paisible sommeil. Il sembla étonné de voir une femme à ses pieds :

« — Qui es-tu? lui dit-il.

« — Je suis Fatimata, répondit-elle, fille de Biram Paté et de Kodou Fall. Je suis venue vous apporter le mets que vous m'avez commandé hier. »

« Et comme Bay l'acceptait avec un sourire :

« — O mon père, lui dit Fatimata, d'où vient que vous avez jeté les yeux sur votre esclave, et qu'Yallah m'a fait le bonheur de trouver grâce devant vous ?

« — Ta voix est douce, reprit-il, comme celle de la tourterelle, et ta taille plus élancée que celle du palmier. J'ai voulu bénir en toi la race des Woloffs, parce que tu es la dernière de mes descendants directs.

« — Alors, mon père, vous ne me refuserez pas de rester parmi nous. »

« Le vieillard se recueillit :

« — J'y mets une condition, fit-il, c'est que tu deviendras ma compagne. »

« Fatimata baissa les yeux.

« — Je ne suis pas digne d'une telle faveur, répondit-elle; mais, puisque tel est votre désir, qu'il soit fait selon votre volonté. »

« La jeune fille n'avait pas achevé ces mots, que soudain le vieillard se redressa ; les rides disparurent de son front ; ses cheveux blancs prirent la couleur de la nuit, ses membres devinrent souples, ses yeux brillants lancèrent des éclairs. Fatimata poussa un cri. Bay s'était transformé. Des fêtes et des réjouissances inouïes suivirent les noces de Bay Samsane. Il vint des députations de tous les pays des Maures et des noirs.

« Fatimata eut un fils, qui devint l'illustre et grand Mamadou Paté. Cet enfant grandit comme un fils de bénédiction, et ne tarda pas à donner des preuves de son intelligence. A dix ans il se signalait déjà par sa valeur, et tous les peuples se réjouissaient en songeant qu'une ère de longue prospérité leur était ainsi promise. Quand Mamadou fut en âge de gouverner, Bay Samsane réunit tous les chefs de villages au bord du lac, leur recommanda l'union, et leur fit jurer éternelle fidélité à Mamadou Paté et à ses descendants. On entendit ensuite un bruit formidable. Une nuée descendit du ciel, enveloppa Bay Samsane ; depuis, on ne le revit plus. »

Souleyman se tut. La pirogue voguait toujours à la dérive, au milieu des grands nénuphars blancs et roses. L'onde dormait. Des caïmans, la gueule ouverte, étalaient leurs pattes sur le sable de la berge, et secouaient leur nuque cuirassée d'écailles, où la lune mettait des reflets. Je regardais Souleyman sans mot dire ; ainsi drapé dans son grand mboubou blanc, il ressemblait à ce génie du lac, dont il venait de raconter l'histoire.

« Et qu'advint-il de Mamadou Paté et de ses descendants ? dis-je après un silence.

— Ils furent grands, magnifiques et longtemps heureux, reprit Souleyman. Les peuples les vénéraient. Mais avec les années ils finirent par oublier le caractère sacré de leur origine, et le souvenir du génie s'effaça même de leur esprit. Il existe une tradition parmi nous, confirmant qu'un jour Bay Samsane apparaîtra de nouveau, pour ramener parmi nous le temps heureux de la concorde et de la paix. Oui, affirma le marabout, j'en suis certain, il sortira de ce lac comme autrefois. »

Et d'un geste de voyant Souleyman me montrait le marigot, sur lequel glissaient encore les rayons effacés des étoiles. Une brume blanchâtre aux contours indécis s'élevait au-dessus de l'eau immobile ; involontairement, comme dans un rêve, j'y attachai mon regard, comme si, en effet, Bay Samsane allait nous apparaître et pour la troisième fois émerger du sein des eaux.

Souleyman, d'un coup de pagaie, fit aborder la pirogue, et nous mîmes pied à terre. Il choisit les plus beaux de ses poissons et les déposa sur le rivage. C'est une touchante coutume des pêcheurs woloffs d'abandonner ainsi une partie de leur pêche aux voyageurs, qu'Yallah ne manquera pas d'envoyer.

Le marabout me tendit la main, chargea son filet sur son épaule et s'éloigna.

Soudain une brusque lueur enflamma l'horizon, l'aube parut déchirant les voiles de la nuit, et, de toutes parts dans la brousse, le chant des coqs s'éleva.

En revenant de Dialakar.

Je suis revenu de Dialakar après une accablante journée d'hivernage. Aveuglé de soleil, je suis entré dans le cimetière abandonné de Sor, après avoir attaché mon cheval à la porte.

Une végétation folle croît sur les tombes et a fait disparaître les sentiers. Toutes les croix de bois sont tombées. La solitude règne ici, navrante et profonde. Les échos de Saint-Louis, dont on aperçoit les maisons blanches par delà la ligne éclatante du Sénégal, ne parviennent pas à troubler la tranquillité éternelle de ces lieux. Je m'assieds sur une dalle soulevée à demi, et je me laisse aller à de sombres pensées. Je suis bien seul ; aucun regard humain ne vient troubler ma rêverie. Des lézards multicolores glissent parfois entre les pierres et disparaissent aussitôt sous les hautes herbes, où le travail lent de la décomposition humaine doit être achevé depuis longtemps. Par la porte entre-bâillée, mon cheval a réussi cependant à passer sa tête fine, et j'aperçois ses deux yeux ronds qui me fixent étonnés, d'un air mélancolique et doux.

Que d'énigmes douloureuses résolues, que de déceptions amères, que de souffrances ont trouvé ici leur terme ! Que de jeunes hommes se sont étendus là, humbles héros, moissonnés dans leur printemps ! Que d'obscurs combats livrés contre la destinée ont fini ici sur la terre d'exil ! Et qui sait? demain ce sera peut-être aussi mon tour. Mais qu'importe, la mort ne m'inspire plus de terreur. L'indifférence de la vie m'a gagné

sous ces climats, où tous les ressorts de mon énergie physique
et morale se sont émoussés.

Un coup de sifflet me tire soudain de ma rêverie. C'est le
chemin de fer qui arrive de Dakar, et je me lève précipitamment pour assister à son arrivée. Adieu, pauvres morts soli-
taires ! Si je reviens jamais en France, j'y rapporterai quelque
chose de l'air que j'ai respiré sur vos tombeaux.

Je remonte à cheval, et après un petit temps de galop je me
trouve devant la gare, où je suis très surpris de rencontrer
une foule inaccoutumée. Dans la cour, des spahis sont rangés
en grand uniforme; un détachement de tirailleurs sénégalais et
des soldats d'infanterie de marine attendent immobiles, l'arme
au pied. Peu à peu l'affluence grandit; des blancs et des noirs
stationnent en se parlant avec curiosité.

Il m'est bientôt impossible d'avancer, et du haut de mon cheval je domine la foule, qui devient de plus en plus compacte.
Je vais demander l'objet de ce rassemblement, quand le chant
de la *Marseillaise* éclate aux accords de la musique militaire.
Un nouveau coup de sifflet ébranle l'air, et le train entre en gare.

Alors, au milieu des hourras de la foule, la barrière s'ouvre,
et je vois s'avancer un peloton de soldats, précédé d'un vieux
drapeau en loques, sans couleur, troué de balles.

« Présentez armes ! » crie le colonel.

Ils sont là une centaine de soldats indigènes et quelques
sous-officiers français. Ils reviennent de colonne par les Rivières
du Sud, après un trajet de douze cents kilomètres. Sublimes
pionniers de la conquête, marchant le jour, marchant la nuit,
luttant sans cesse, bravant tous les périls et les souffrances les
plus inouïes. Leurs uniformes sont en lambeaux, quelques-uns
marchent pieds nus, sans casque, et ressemblent plutôt à des
spectres qu'à des hommes. La plupart sont blessés et ont
des bandages à la tête, aux jambes et aux bras. Les sous-officiers qui les commandent peuvent à peine se traîner. Celui qui
tient le drapeau est obligé de s'arrêter. Ses camarades le soutiennent ; il porte son bras gauche en écharpe, et de sa main
droite, appuyée contre son cœur, il serre frénétiquement la
hampe de cette glorieuse loque française aux trois couleurs,
qu'il vient de promener si loin dans l'Afrique inconnue. O poignée de héros, qui pourrait dire les souffrances que vous avez
endurées, d'autant plus glorieuses qu'elles resteront à jamais
ignorées !

Tout le monde met chapeau bas, tandis que les militaires

présentent les armes, que les clairons sonnent et que les tambours battent aux champs. Sous la nuit qui tombe vite, l'héroïque phalange défile devant moi. Derrière elle les femmes indigènes, qui ont accompagné leurs maris en colonne, calebasses en tête, leurs marmots à cheval sur le dos, ferment la marche de cette fantastique procession. La foule les entoure, pleine d'égards et de sollicitude. La musique prélude à un air joyeux de marche. On serre les rangs au milieu des vivats, et tous s'acheminent vers Saint-Louis. Je suis la colonne à cheval, troublé, tout ému, et je songe à ceux qui, n'ayant pas eu part au triomphe, sont étendus là-bas, bien loin, dans la brousse ou sous le sable, et qui jamais ne reviendront.

Arrivée au pont Faidherbe, la colonne s'organise en longue file régulière. La mer fait danser avec frénésie ce pont de bateaux mouvant, et c'est un spectacle étrange, unique, que le balancement de cette troupe confuse d'hommes et de chevaux aux sons éclatants des clairons sonnant la diane des victoires; ces drapeaux troués, mutilés dans les batailles, agités par la brise; ces guerriers, ragaillardis maintenant par la vue du terme de tous leurs maux, frappant d'un pas ferme et cadencé les planches du pont retentissant.

Le canon salue les derniers débris de la colonne au moment où elle débouche devant le palais du gouvernement, et d'enthousiastes acclamations dominent un instant le tumulte des flots, que l'on entend se briser avec de longs murmures sur les récifs du Guet-N'Dar.

A l'hôpital.

(Écrit sur mon lit d'hôpital.)

Me voici à l'hôpital depuis huit jours. A vrai dire, je ne sais pas très bien ce qui s'est passé pendant ce temps-là. Je me rappelle seulement qu'à mon entrée dans la salle, le major a dit en se tournant vers le prévôt :

« Encore un qui est envoyé trop tard ! »

Ces paroles m'ont frappé confusément, bien que je parusse insensible, et je crois que je me suis dit en moi-même :

« Non, il se trompe; il n'est pas vrai que je sois si bas ! »

Et, en effet, la grande crise est passée; je n'ai presque plus de fièvre, mais je suis si faible, que je puis à peine me soulever seul sur l'oreiller.

Nous sommes une quarantaine dans la salle, presque tous militaires ou marins. Le service est fait par des infirmiers noirs, sous la surveillance des sœurs et d'un infirmier en chef européen.

Le matin à huit heures, et le soir à cinq heures, le médecin-major fait sa visite, escorté du prévôt et de la sœur. Elle ne dure pas en tout plus d'une demi-heure. Devant chaque lit, à côté du numéro d'ordre, est la pancarte où sont consignés les noms, les attributs, le genre de maladie, les remèdes précédents de chacun de nous. Un quart d'heure avant la visite on prend notre température, et il nous faut rester immobiles, le thermomètre sous le bras. Le docteur arrive alors comme un tourbillon, dévisage les malades, ordonne toujours la même chose, et s'en va ainsi de lit en lit jusqu'au dernier.

Depuis six heures du soir jusqu'au lendemain sept heures, tout est hermétiquement fermé, portes et fenêtres. On suffoque dans cette grande salle, d'où s'exhalent des miasmes enfiévrés. De temps à autre, au milieu du silence, s'élève la voix plaintive de quelque moribond en délire ; d'autres fois, c'est le hoquet solennel d'une agonie. On aperçoit l'ombre d'une sœur ou d'un infirmier qui glisse le long des rideaux ; j'entends quelques mots à voix basse, puis c'est tout. Des civières circulent apportant des malades ou remportant des morts, on ne sait. Personne d'ailleurs ne fait plus attention qu'à soi, tout le reste devient indifférent. A travers un cauchemar, on frissonne pourtant à la pensée de la table de marbre glacé de l'amphithéâtre ; puis on se rassure. Qu'importe, puisqu'on ne sentira plus ?

Pendant la journée, on a du moins quelques distractions. On tire les rideaux qui encadrent votre lit, et l'on voit des convalescents blèmes et courbés errer comme des fantômes. A dix heures, ils s'assoient à la table du milieu, racontent quelques joyeuses histoires de campagne ou de colonne, et l'on se prend à envier leur sort. A deux heures, la salle est close de nouveau jusqu'à quatre heures : il faut rester dans son lit les rideaux fermés.

On me donne pour la journée un litre d'une affreuse tisane, que je vide régulièrement dans mon pot. Le soir, quand les accès de fièvre reviennent, je demande une cuvette sous le prétexte de me laver les mains ; j'y trempe mes mains brûlantes, et j'humecte avec mon mouchoir mes lèvres desséchées.

Ce matin un père missionnaire de la congrégation du Saint-Esprit est venu visiter notre salle. Il a fait comme le docteur le tour des lits, adressant à chacun un sourire, une parole de religion et de paix aux plus malades, recevant souvent bon accueil, mais quelquefois aussi injurié. Il s'est approché de moi :

« Croyez-vous en Dieu, mon enfant? » m'a-t-il dit.

Et comme je protestais de ma foi, il m'a serré la main et m'a donné une petite médaille de la Vierge. Je l'ai gardée précieusement ; elle me rappelle celle que ma mère mettait à mon cou quand j'étais tout petit. Si je sens arriver ma dernière heure, je la mettrai sur ma bouche avant d'expirer ; car, hélas ! pour ne pas effrayer les autres malades, il est interdit au prêtre de venir assister les mourants. Quelle tristesse de s'en aller ainsi au milieu de l'indifférence générale, sans qu'un visage ami se penche sur vous une dernière fois, dans un lieu enfin où la mort elle-même a perdu sa majesté ! Ah ! je revois encore cette scène d'hier soir, et ce pauvre petit sergent d'infanterie mort tout près de moi. Il avait accompli en colonne des prodiges de bravoure ; mais il en était revenu si malade, qu'il fallut le transporter à l'hôpital. Il était trois heures de l'après-midi. Soutenu par deux noirs, il s'avança tremblant au milieu de la salle, le visage décomposé. Il attendit longtemps que l'infirmier stupide eût contrôlé les papiers et matricules du régiment, puis on le fit coucher dans un lit à côté du mien. A peine étendu, il se mit à murmurer des mots entrecoupés de plaintes et de sanglots. On courut chercher le prévôt absent. La sœur tâchait de calmer le sergent en lui présentant un bol de tisane.

« Voyons, numéro 3, lui disait-elle de sa voix douce, buvez un peu, cela vous remettra ; » et elle essayait de faire passer le liquide tiède entre ses dents qui se serraient.

Au milieu de la salle, l'heure du repas avait groupé les convalescents, qui semblaient complètement étrangers à cette scène. La sœur et moi nous étions seuls à entendre son gémissement plaintif, accentué d'abord, et qui s'affaiblissait de plus en plus. Tout à coup le moribond se dressa sur sa couche, me regarda avec des yeux hagards ; puis son visage contracté sembla s'animer d'une douceur infinie, un vague et triste sourire voltigea un moment sur ses lèvres décolorées.

« Maman, murmura-t-il, mam... »

Il n'acheva pas le mot chéri, et retomba raide mort sur son oreiller.

Le docteur arriva enfin, s'approcha du sergent, lui tâta le pouls, prit sa température par acquit de conscience, et fit signe à l'infirmier de faire avancer une civière. Quatre noirs enlevèrent le cadavre encore chaud, un autre changea les draps du mort, et dix minutes après le lit, devenu vide, recevait un nouveau moribond.

Sortie d'hôpital.

Je viens de sortir de l'hôpital, et je dois m'embarquer ce soir même pour la France à bord du *Condé*.

Appuyé sur le bras de deux camarades, je marche lentement le long de la grande rue blanche. Tout me semble nouveau. Ces maisons à l'égyptienne, dont la masse immobile se dessine avec d'aveuglants reliefs sous le soleil de feu, je ne me rappelle pas les avoir jamais vues.

Quel mauvais rêve ai-je donc fait? et qui m'a transporté sur ces bords inconnus?

Ma langue ne peut proférer une parole. Des chameaux glissent le long des murailles, et des noirs en mboubous multicolores se détournent pour nous regarder passer. Des noirs! Je retrouve peu à peu les fils perdus de ma mémoire, et mes souvenirs un à un se dégagent comme d'un brouillard.

Ah! oui, je me souviens maintenant. Je suis au Sénégal depuis bien des années, et j'ai failli mourir. De quoi? Je n'en sais rien. Mais j'ai la sensation de revenir de très loin et d'avoir côtoyé de près les rivages de l'au delà.

Le Sénégal! Mais pourquoi suis-je au Sénégal? Je cherche et ne trouve rien.

Quelqu'un vient à moi, me presse les mains, me félicite de mon rétablissement et de mon départ. Je reconnais en lui un ami, et tout à coup mes idées anciennes reviennent à flots. Cependant encore, pendant quelques instants, ma personnalité ne me paraît pas très distincte; elle se dédouble. Il y a le moi d'autrefois et le moi d'aujourd'hui, puis tous deux se confondent, et j'assiste au fond de mon être à leur fusion intime avec une sorte de stupéfaction.

Je suis sauvé! j'ai fait une longue campagne à la côte occidentale d'Afrique ; je vais rentrer en France, et mes amis me montrent là-bas, sur le fleuve, un navire qui charge à la hâte ses derniers ballots : c'est le *Condé* !

Partir ! oui, et bien décidément cette fois. Je veux courir à bord tout de suite, ne pas rester une minute de plus au Sénégal. Il me semble qu'en foulant le plancher roulant du navire, j'aurai déjà mis le pied sur la terre de France.

Cette excitation mine mes forces encore défaillantes, et l'on me soutient jusqu'à la maison.

Mes adieux sont faits. Je pars, je pars enfin. Deux noirs me transportent sur un fauteuil à bord du *Condé*.

Le capitaine a fait au début quelques difficultés de recevoir un convalescent en si piteux état. Je me suis mis alors debout, et j'ai marché avec assurance pour lui prouver ma validité. Il a souri et a fini par m'accepter.

Nous allons lever l'ancre à la marée. Je me promène sur le pont en m'arc-boutant au bastingage. Je me sens déjà mieux, beaucoup mieux.

Une joie profonde, inouïe, envahit mon âme et monte en vieux refrains d'enfant jusqu'à mes lèvres tremblantes.

« Chacun à son poste pour l'appareillage ! » crie le capitaine.

Un tremblement convulsif agite tous mes membres. Une grosse larme roule sur ma joue desséchée. Dieu ! ô Dieu ! nous dérapons !

Le retour.

Le *Condé*, en quittant Saint-Louis, est venu prendre un chargement d'arachides à Rufisque. Il me semblait avoir quitté pour jamais le Sénégal, et voici qu'après seize heures de traversée je le retrouve encore avec un saisissement d'effroi.

J'ai voulu cependant descendre à terre pour voir des camarades, qui m'ont à peine reconnu, tant j'étais défait après mes deux mois d'hôpital. J'étais si faible, que je pouvais à peine me soutenir.

La cité jeune et fière alignait silencieusement ses longues allées de sable, où la morne torpeur de l'hivernage avait mis son cachet désolé.

Mes amis m'ont entraîné à la nouvelle gare, pour me faire

assister à l'arrivée du train, grande attraction pour la petite colonie européenne et surtout pour la population noire.

Le train entrait en gare, et je ne sais ni pourquoi ni comment j'ai été pris d'un désir fou de revoir Dakar, où j'avais souffert et vécu ma première année sénégalaise. Le *Condé* ne devait prendre le large que le lendemain vers dix heures, et j'avais juste le temps d'aller et de revenir. Je n'hésitai pas. Malgré ma faiblesse et les observations amicales, je partis.

Mais à peine le train se fut-il mis en marche, que ma surexcitation nerveuse tomba subitement. J'eus un accès de folie; une idée fixe s'implanta dans mon cerveau : j'avais été circonvenu. On m'avait sournoisement amené à la gare pour me faire prendre le train. Je n'arriverais jamais à Rufisque avant le départ du *Condé*. Il faudrait encore attendre quinze jours avant qu'un autre navire prît le large, et je voyais bien que mes forces ne me permettraient jamais d'attendre ce délai. C'était donc la mort au seuil du retour qui m'apparaissait inévitable.

Il faut avoir passé par toute la gamme de la souffrance humaine, avoir perdu une à une toutes ses illusions, toutes ses facultés, pour comprendre la crise psychologique où mon être faillit s'effondrer. Le naufragé qui a mis tout son espoir dans une voile qu'il voit s'enfuir à l'horizon pourrait seul en ce moment-là m'être comparé.

J'ai souffert pendant près d'une heure quelque chose d'inouï et de poignant. Ce navire qui devait m'emporter, c'était la résurrection à la vie, et sur le point de m'échapper de cette horrible fournaise où j'avais laissé toutes mes forces physiques et morales, je sentais qu'un incident banal allait décider de ma vie à jamais.

Mourir! non, ce n'était pas possible. J'avais soif de revoir tout ce que j'avais aimé... là-bas! Ce pays maudit d'Afrique m'apparaissait bien maintenant avec son horrible hypnotisation.

C'était lui qui m'avait attiré, séduit, me transportant dans un monde chimérique, grandiose et grimaçant. Je lui avais donné toute mon intelligence, tout mon cœur, toute mon activité, et il m'avait pressuré, sucé comme un vampire; et voyant que je lui échappais, il voulait me retenir, m'enserrer jusqu'à ce qu'il m'eût couché à trois pieds sous son sable ardent, pour me donner en pâture à ses chacals et à ses hyènes!

Je voulais fuir, m'élancer hors du wagon lancé à toute vitesse; mais une résistance invincible me clouait à ma place.

Le chemin de fer qui me secouait avait l'air d'être pris d'une course vertigineuse, de m'emporter bien loin dans l'Afrique inconnue.

Tout tournoyait autour de moi.

Nous passâmes près du marigot de Ham, splendide oasis de verdure, coin d'un monde féerique, mais que le voyageur se hâte de fuir précipitamment dès qu'il en a respiré les impures émanations.

Ce soir-là, ses eaux immobiles disparaissaient sous le luxe de sa végétation, à travers laquelle miroitaient des plaques verdâtres où surnageaient des nénuphars bleus.

Des millions de lucioles mettaient des reflets d'or volant sur les massifs touffus. Quelques singes pensifs nous regardaient passer, et des bas-fonds de la terre à demi noyée montait en concert fantastique le croassement des crapauds.

Oui, c'était bien là le symbole de l'Afrique attirante, énigmatique, mais au fond empoisonnée.

Étendu sur ma banquette, livide et claquant des dents, râlant presque, je contemplai le ciel, le regard vide.

Tout à coup je me dressai; la brise souffla légère, et dans la splendeur du soleil couchant, plus belle, plus sublime que jamais, la mer apparut dans le lointain.

La mer! Dans cette minute solennelle, j'ai compris seulement ce que ce mot renfermait de profond et pourquoi l'auteur de la *Retraite des dix mille* l'a trouvé suffisant pour exprimer toute la joie humaine : Θαλασσα! la mer!

La mer! Le premier mot d'enthousiasme passé, je revins à moi-même; ma fièvre me laissa plus libre, et je me repossédai peu à peu.

Nous longions les hautes dunes de sable de Dakar. Il y avait là dans la rade des navires prêts à partir. D'un long regard douloureux et mélancolique je fis le tour de l'horizon, marquant d'une pensée chaque point de cette côte du Cap-Vert où s'étaient évanouis tant de rêves et dissipé tant d'illusions !

En route pour la France !

La côte d'Afrique s'efface, disparaît dans une apothéose de lumière. Le *Condé* fuit sur la mer étincelante, et le vent se lève enflant toutes nos voiles.

La nuit tombe tout à coup. La cime argentée des **vagues**
reluit en reflets phosphorescents, que diamante les rayons des-
cendus des étoiles. La lune solitaire monte dans les profondeurs veloutées du ciel bleu.

Accoudé au bastingage, je cherche encore la côte des yeux.
Tous mes souvenirs du Sénégal me semblent déjà très lointains,
et cette terre que je foulai naguère m'apparaît maintenant
comme un mystérieux inconnu que j'ai traversé dans un
cauchemar.

Où vais-je? où m'emporte ma fortune nouvelle? Je ne tarde
pas à m'assoupir au bercement des flots. Mais voici que soudain
j'aperçois des feux devant moi : une terre se dessine avec les
contours accentués de son relief. Je distingue bientôt des
clochers, des villages, l'antique manoir aux tours massives
où j'ai coulé mes premiers ans. Des sons de voix aimée arrivent
jusqu'à moi.

Je me réveille alors, et dans le grand calme de la nuit la
voix de l'officier de quart retentit impérative :

« Ohé! maître d'équipage, faites carguer la grande voile de
misaine. »

FIN

APPENDICE

La langue wolove.

I

Je crois utile d'ajouter, à titre de curiosité, quelques mots sur la langue de ces Woloffs dont j'ai essayé d'étudier les mœurs.

Leur idiome n'est point aussi barbare qu'on pourrait se l'imaginer. Ils n'ont pas, il est vrai, de grammaire et se servent pour l'écriture de caractères arabes; mais, en vertu de la grande logique que Dieu a mis dans tout esprit humain, ils ont créé, à leur insu, une sorte de grammaire obéissant, pour la forme de ses mots, à des règles toujours fixes et invariables.

J'ai cherché à rattacher la langue wolove à l'un des grands rameaux connus, et je ne désespère pas qu'elle n'apporte un jour son modeste tribut à la constatation des grands travaux philologiques de notre siècle, à savoir : l'unité primitive de race et de langage.

Malheureusement, je n'ai point encore de données suffisantes pour affirmer rien de sérieux. J'ai trouvé une centaine de mots qui semblaient se rattacher par leurs racines au grand tronc indo-européen. Je n'ose les avancer tous ici, ne voulant faire qu'une notice très sommaire. Je me bornerai simplement à en signaler quelques-uns.

Le verbe substantif *être* se traduit par le mot essentiellement woloff *am : am na,* « je suis, » comme en anglais *I am.*

Le mot *damel,* qui se prononce *domel* au Cayor, désigne le roi, chef et maître du pays.

Dom-el semble être de la même racine que *dominus,* « le maître, » en latin.

Le mot *dom* veut dire enfant en woloff, et ne peut venir que de la même racine. C'est proprement celui qui habite la maison, la *domum* antique.

Père s'exprime par *bay* ou *pay.* C'est sans doute la racine sanscrite *pa,* en grec et en latin *pater, pay* en patois gascon.

Le mot *tim,* en woloff, exprime l'idée de domination, de protection : τιμ « αω » en grec, celle de vénération, d'honneur ; *tim* « *eo* » en latin, l'idée de crainte.

Longa, champs, prairies : en russe *longa* (ayra) signifie aussi prairies.

Il est vraisemblable que toutes ces racines sont communes, puisque l'idée fondamentale est une simple transposition de la cause à l'effet.

Ne pourrait-on pas de même voir de lointaines analogies entre les mots *tog*, s'asseoir, au figuré avoir du loisir, se reposer, et la racine latine *teg*, couvrir, avec l'idée d'être soutenu par quelque chose, de se reposer?

Les pronons personnels woloffs *man*, « moi, » et *noun*, « nous, » ont des ressemblances frappantes avec *me* et *nos, moi, nous*.

Les pronons démonstratifs *kilé, bilé, vilé*, pourraient être aussi comparés au pronom démonstratif latin *ille*.

Je n'insisterai pas davantage sur ces rapprochements, me réservant d'y revenir peut-être un autre jour. Je ne me permets d'affirmer aucune opinion, et je laisse à chacun le soin d'y démêler la vraisemblance de l'hypothèse ou de la fantaisie.

II

Je passe maintenant aux considérations pseudo-grammaticales de la langue wolove. Les indications qui vont suivre m'ont été données en partie par le R. P. Guillet, missionnaire du Saint-Esprit, mort à son poste d'honneur à Kita, dans le Soudan. C'est lui qui guida mes premiers pas dans l'étude de la langue sénégalaise, et je tiens ici à lui rendre un suprême hommage de gratitude.

Le woloff ne se prononce pas d'une façon identique à Dakar, au Cayor et à Saint-Louis. Les Woloffs reconnaissent aussi bien entre eux leur localité d'origine que nous les Bretons ou les Méridionaux.

Le woloff est la langue la plus répandue dans toute l'Afrique occidentale. Elle est parlée non seulement sur le littoral, dans le Cayor, le Walo et le Djoloff, mais encore sur tout le cours du Sénégal. Les traitants et le personnel indigène administratif l'ont introduit dans le Soudan, où elle est la langue des affaires et du commerce.

III

CONSIDÉRATIONS GÉNÉRALES

Le son nasal renferme très souvent les consonnes initiales des mots, aussi: *N'Diaye, N'Doye* (noms propres); *ndey*, mère, etc.

Il n'y a pas de déclinaisons en woloff, et les mots demeurent presque toujours invariables.

Chaque mot a une place très déterminée dans l'usage, et un changement de position amène à sa suite un changement de signification. En effet, le mot ne se distingue du verbe que par sa position. On peut transformer très facilement en verbes les noms, les adverbes et les conjonctions.

Ce que nous appelons syntaxe d'accord n'existe pas en woloff.

La permutation des consonnes n'a jamais lieu qu'entre consonnes de même ordre.

Quand il n'y a ni élision ni lettre euphonique, la contraction a lieu généralement entre deux voyelles qui se rencontrent.

L'*a* final s'élide devant une autre voyelle ou à la fin des mots.

NOM

Le nom woloff est invariable à tous le nombres. Cependant quelques noms changent au pluriel leurs consonnes initiales.

ARTICLE

L'article woloff est en réalité un adjectif. Il détermine non seulement le mot auquel il est joint, mais il en marque aussi la situation et la distance.

Ex. : *Toubab bi* = le blanc que voici.
  Toubab ba = le blanc qui est là-bas.
  Toubab bou = le blanc dont on ignore le lieu, la place, la situation.

Il y a quatre articles : l'article défini, indéfini, conjonctif, celui qui unit deux noms dont l'un est complément de l'autre, et l'article diminutif indique une diminution dans le sens du mot.

L'*article défini* se met toujours avant le nom. Il y a deux articles indéfinis : ceux du singulier et ceux du pluriel.

Ex. : *Ou borom* = un maître.
  I borom = des maîtres.

L'*article conjonctif*, *ou* pour le singulier, *i* pour le pluriel, prend l'un ou l'autre de ces nombres, suivant que le mot précédent est au singulier ou au pluriel.

Ex. : *Borum ou fas* = maître du cheval.
  Ala i bour = champs du roi.

L'*article diminutif* n'est usité qu'au singulier et est une des formes de l'article défini.

Ex. : *Digèn bi* = la femme-ci.
  As digèn = une jeune femme.
  Digen sa = la jeune femme.

ADJECTIFS ET PRONOMS

Le même nom woloff joue en même temps le rôle d'adjectif ou de pronom, suivant qu'il accompagne un nom ou qu'il le remplace.

Il existe sept espèces de pronoms adjectifs : personnels, relatifs, possessifs, démonstratifs, interrogatifs, numéraux et indéfinis.

Les qualités s'exprimant par les verbes, il n'y a pas d'adjectif qualificatif.

Les pronoms personnels sont les suivants :

Singulier : *Man,* moi. *Yov,* toi. *Mom,* lui.

Pluriel : *Noun,* nous. *Yen,* vous. *Niom,* eux.

L'adjectif possessif se met toujours devant le nom auquel il se rapporte, excepté à la troisième personne. Ce sont les suivants :

	1re pers. *Souma,* mon, ma.		*Sounou,* notre.
Singulier :	2e pers. *Sa,* ton, ta.	Pluriel :	*Sen,* votre.
	3e pers. *Am,* son, sa.		*Sen,* leur.

La numération wolove se base pour sa dérivation de l'unité au nombre cinq.

VERBE

La propriété essentielle du verbe est d'être toujours invariable à tous ses temps et à tous ses modes.

Les pronoms personnels, qui sont aussi verbaux, peuvent se combiner avec lui.

La conjugaison wolove a deux voix : l'une affirmative et l'autre négative.

Le verbe comme le substantif n'a pas de nombre. On peut le reconnaître aux pronoms verbaux, dont le pluriel diffère du singulier, et qui accompagnent toujours le verbe employé à un mode personnel.

MODES

Le verbe a dix modes, qu'on pourrait dénommer ainsi :

L'énonciatif : j'aime, j'aimerai : *di na sopa.*

Le subjectif : c'est moi qui aime : *ma di sopa.*

Le causatif : c'est que j'aime : *da ma di sopa.*

L'objectif : c'est toi que j'aime : *yov-la di sopa.*

Le subjonctif.

Le gérondif : c'est que je vois : *da ma di gis.*

Le suppositif.

L'optatif.

L'impératif indirect : que je puisse aimer : *na di sopa.*

L'infinitif.

TEMPS

Les temps sont très réguliers en woloff et se différencient entre eux par des particules. Le participe, l'infinitif passé et le futur antérieur manquent en woloff.

VOIX NÉGATIVE

La négation, au lieu de s'exprimer par un adverbe, s'exprime par des particules qui font corps avec le verbe. Ce sont les suivantes :

Ex. : *tagas*, honorer.

Oul	*tagas oul*	ne pas honorer.
Atoul	*tagas atoul*	ne plus honorer.
Agoul	*tagas agoul*	} ne pas honorer encore.
Angoul	*tagas angoul*	
Til	*tagas til*	} ne jamais honorer.
Atil	*tagas atil*	

La voix négative se conjugue à l'énonciatif avec des pronoms particuliers.

Singulier   1re pers. : *ma*. 2e pers. : *la*. 3e pers.
Pluriel   1re pers. : *nou*. 2e pers. : *len*. 3e pers. : *niou*.

Pour les autres modes, on emploie les mêmes personnes qu'à la voix affirmative.

ESPÈCES DE VERBES

On peut distinguer quatre espèces de verbes : le verbe substantif, circonstanciel, attributif et dérivé.

Le verbe substantif *être* exprime en woloff l'existence absolue et ne souffre pas de régime. Employé avec un régime, il prend la signification du verbe *avoir*.

1o Ex. : Je suis, *am na*.
2o J'ai un esclave, *am na ou diam*.

Les verbes circonstanciels ont la signification d'adverbes et se conjuguent comme les autres verbes.

La nature de leur signification exige pour être complète qu'ils soient suivis d'un autre verbe exprimant un fait ou une action, dont le premier verbe n'exprime qu'une circonstance.

C'est moi qui l'ai dit souvent : *ma ko faral a vakh*.

Les verbes attributifs expriment par un seul et même terme l'attribution et l'attribut.

Les verbes dérivés se forment d'autres verbes soit par le redoublement de ce verbe lui-même, soit par l'addition de certaines désinences qui n'ont pas de signification par elles-mêmes. C'est le procédé de l'enfant qui dit : Ce gâteau est bon, bon.

Ex. : *Bakh a bakh*, être très bon.

On peut obtenir une signification passive ou correspondante à la voix moyenne grecque, au moyen de simples désinences additionnelles.

Ex. : *Sopa*, aimer. *Sop ou*, être aimé.

Pour obtenir une foule de significations, le woloff emploie également les désinences telles que : *i, di, si, at, al, lo, lou, lé, alé, an, andi, té, taou, adi, ari, antou, ef, tou, é*, etc. etc.

Ex. : *Fan*, nuit. *Fanan*, passer la nuit.
Leka, manger. *Lekadi*, manger peu.

Ce procédé très simple permet à la langue wolove de former un très grand nombre de mots avec un petit nombre de racines.

ADVERBES

On peut former des adverbes de tous les verbes qualificatifs, en les faisant précéder de l'adjectif déterminatif *bou*.

Ex. : *Gav*, se dépêcher. *Bougav*, vite.

SYNTAXE

L'article défini accompagne le nom quand celui-ci désigne une chose concrète et déterminée.
Le nom ajouté à un autre nom se place toujours après celui-ci.
L'adjectif s'accorde en nombre avec le substantif.

VERBE

A l'énonciatif et au causatif, le nom sujet se place nécessairement avant la préposition et en dehors. 1º A l'objectif et au subjectif, il peut se placer de la même manière; 2º à l'objectif, il précède immédiatement le verbe; 3º au gérondif, à l'impératif indirect et au subjonctif, le nom sujet se met immédiatement avant le verbe.
Le sujet est souvent sous-entendu dans les propositions subordonnées, qui ont le même sujet que la proposition principale.
Le verbe peut se mettre au singulier, bien que le sujet soit au pluriel, lorsque celui-ci est un pronom indéfini.

RÉGIMES

Les régimes directs et indirects se mettent après les verbes sans aucune proposition, sauf après l'objectif.
Lorsque plusieurs verbes ont un seul et même complément, il faut

placer ce régime après le premier verbe, et donner à tous les autres le pronom correspondant.

Tel est d'une façon très sommaire l'abrégé d'une sorte de grammaire wolove. Mes lecteurs pourront juger, d'après ce court aperçu, que cette langue nègre inconnue et réputée barbare n'est peut-être pas digne de mépris et pourrait avec fruit devenir un sujet d'étude pour nos savants philologues.

Proverbes woloffs.

Teraldi agoul ndiancou.

Kou la sout nga néko : ndiol mi.

Nerral kou la fasalé, nerral kou la dan ako gen.

Bala nga oyou, neka fa.

Kou sol toubey ou nek, dou diarou.

Nen ou nen dou rey bonki.

Neou na a gen, na non ko bayi.

La ngen tayi, topa-len tia, la ngen savar, bayi-len ko.

Kou la né : mayel sa alal, sa ngerem lo bouguen.

Bour bou amoul aou gay, ngour am oroul.

Nit kou nek krasaou na niou.

Nit kou, lo dienta, mou def tia lokro'm, doyoul a de kal.

Tédeul doyoul a digueul niv.

La diarak am di yourr, sou ko niv am ou diel.

Kou danou tia guy, diapantikou tia mborten, na nga yagal sa diela, ndégé souf nga dem.

Être mal couché n'a pas lieu en l'autre monde.

A celui qui est plus grand que toi, dis-lui : Tu es homme long.

Flatter celui qui te sépare dans une bataille est bien, mais flatter celui qui te corrige est mieux.

Avant d'écouter, il faut être présent.

Celui qui porte une culotte de graisse ne se chauffe pas au feu.

Le loup ne se fait pas tuer pour rien.

Avoir peu vaut mieux que de le laisser.

Ce qui vous ennuie, attachez-vous-y; ce à quoi vous êtes assidus, laissez-le.

Celui qui te dit : Donne de ton bien, c'est qu'il veut qu'on te remercie.

Le gouvernement d'un roi sans sujets ne signifie rien.

Tout homme sent le cadavre.

L'homme qui met la main sur ce que tu as serré, ne mérite pas que tu demeures avec lui.

Il est inutile de conseiller à un mort de se coucher.

Ce que le malade refuse ferait plaisir au mort.

Celui qui, tombant d'un baobab, s'accroche à sa fleur, doit faire durer sa chute, car c'est à terre qu'il va.

Kou tep ak i sabar, dal ak i goub gampartou la ko dieg it, yov la nou ko dien.

Celui qui saute avec des épis pleins et tombe avec des épis égrenés, quand même il n'en aurait pas goûté auparavant, en sera accusé.

Koumpa diapa na ndaou tii diombos ou kani.

L'ignorance attrape un enfant, quand il mange un piment trop mûr.

Lou nar reyerey, bon de guen ga gonente, diot ko.

Quelque matinal que soit le mensonge, si la vérité se met en route le soir, elle l'atteindra.

Diarak mo di sarra'm diabarankat.

Le malade est le grenier du médecin.

Teradi egoul dianeou.

Tant qu'on se tourne et se retourne, on n'est pas encore arrivé dans l'autre monde.

Diaykat y yarr demtil dianeou.

Le marchand d'os n'ira jamais dans l'autre monde pour vendre sa marchandise.

Lou diarak boné-bou, men na vaka niou.

Quoique le malade soit très mal, il peut toujours étrangler un mort.

Digenn doyoul a volou, ndégé, lou mou la vouarr.

La femme ne mérite pas de confiance, car ce qu'elle te dit, elle le dit à ton semblable.

You amoul nker.

Le chemin ne fait pas d'ombre.

Soul nker dou ko téré sor.

Couvrir l'ombre ne t'empêche pas de paraître.

Goudi mo di bour ou nker.

La nuit est la reine de l'ombre.

Kou tey ckram ou ndialben moudi di noflay.

Qui connaît bien le commencement, la fin ne l'inquiétera pas.

Ntortor i garap yep dou niou def.

Toutes les fleurs des arbres ne portent pas de fruits.

Ntioula diou nour ti genar ou morom am dou omlé.

Le cormoran ne fait pas bonne pêche en plongeant derrière son camarade.

Kou yek'k lockro, bayi koudou, do ko niarel.

Celui qui au lieu de cuiller se sert de la main pour retirer le manger de la marmite, ne le fera pas deux fois.

Mpitia, sou banié deckr, ag sourr la nel.

Si l'oiseau ne veut pas boire à l'étang, c'est qu'il connaît un creux d'arbre (rempli d'eau).

Niaou diikou, rafet diko ko gen.

Un bon caractère est préférable à un mauvais.

Bare nierr, bare tiéré ko gen.

Beaucoup de kouskous vaut mieux que beaucoup de bouillon.

Kou diel rongogne sim tiéré'm bou ko nian neckr.

Ne demande pas du bouillon à celui qui trempe son kouskous avec des larmes.

Degadi, niet la diour : boum ti bat, redi, ti kol, ak

S'entêter engendre trois choses : une corde au cou, une lance dans le ventre gis kou né : Ki diou ma von am ?

Adouna, niet ako diap : sackrlé, ak oub sackra bi, ak sackra mi.

Fatfalou dou fasalé mbamself ak i nop' am.

Lou beref fetafeta, dal tii anda'm.

Mbot a gen a bega ndockh, vouandé mou tanga bokou tia.

Bala nga fadian, fadian sa bop.

Kou digé gana, rekanté, na nga gep, fanano.

Keu dou gali dé.

Gan you baré bégatoul mbamself, ndégé dou niou ko yap.

Gan sou diké, silmarra la ; sou de nioubi, géveul la.

Sa ndogal ou morom genta la.

Kou sangou der, na votou diegi safara.

Kou ragal savor, boul di dougoup.

Ralebi, satia, sou magé, diel i get.

Dien, fanga ko diapé, so ko fa sangé, mou retia.

Garab go romba, mou sani la i mbourou, sou élégé nga rombati fa.

Lou mpitia degueu, sabé.

Ya di sabarou, ya di tonli.

Kou la diek dioudou, epa la i sagar.

Savor begueu na dougoup, vouandé dou bey.

et s'entendre dire : Cet homme est-il le même ?

Ici-bas il faut trois choses : un champ productif, un grenier, une mâchoire.

Secouer la tête ne sépare pas l'âne d'avec ses oreilles.

Le pépin a beau sautiller dans la casserole, il retombe toujours sur son compagnon.

Le crapaud aime beaucoup l'eau, mais non pas l'eau chaude.

Avant de faire le guérisseur, guéris-toi toi-même.

Qui a affaire à un manchot pour se battre à coups de poing, doit tenir le poing fermé toute la nuit.

Personne n'est indigne de la mort.

Beaucoup d'hôtes n'importent pas à l'âne, parce qu'ils ne le dévoreront pas.

Quand un hôte arrive, c'est un aveugle ; quand il part, c'est un mendiant (griot).

Mal d'autrui n'est qu'un songe.

Celui qui est couvert de coton égrené doit prendre garde d'enjamber le feu.

Qui craint les moineaux ne sème pas le mil.

L'enfant qui rampe encore et vole déjà, quand il sera grand, prendra des troupeaux.

Si tu laves le poisson où tu l'as pris, il t'échappera.

Si l'arbre auprès duquel tu passes te jette du pain, tu y repasseras demain.

Tout ce que l'oiseau entend devient pour lui l'air de son chant.

C'est toi qui te bats le tam-tam et fais l'accompagnement.

Celui qui est né avant toi a plus de hardes que toi.

Le moineau veut du mil, mais il ne cultive pas.

Fit bo ko sané dou dé-lonsi.

Le trait lancé ne revient plus.

Sepa dialen dou la fasalék i teign.

Faire la culbute ne te séparera pas des poux.

Ken dou toudeu niv *teneu-bodem-yalla*.

Personne ne nomme un défunt sans ajouter : allé vers Dieu.

Mpetiou savor, lo tia ga-vantou kou a varr, na nga yobou goub.

Quelque pressé que tu sois d'assister à la danse des moineaux, n'oublie pas d'y porter des épis de mil.

Bet dou enou, vouandé lou bop antan kram na ko.

L'œil ne porte pas de fardeau ; mais ce que la tête peut porter, il le sait.

Vouarr i mag doyoul a vedi.

Il ne faut pas contredire la parole des vieillards.

Vedi, bo gisé, gem.

On peut nier, mais en voyant il faut croire.

Mpétarr am rab la.

Son pigeon est un génie.

Mpitia anga tia bentengi, vouandé nrrel am anga tia dougoup.

Quoique l'oiseau soit perché sur le fromager, il ne laisse pas que d'avoir son esprit dans le mil.

Mpitia, sou bagné derr, sourr ngnel.

Si l'oiseau ne boit pas au ruisseau, c'est qu'il connaît un réservoir d'eau.

Lou mpitia nan-nan, nan-til nan ou ney.

Quelque quantité que puisse boire l'oiseau, il ne boira jamais ce que boit un éléphant.

Moul a gen, yaga bayivoul dara.

Il vaut mieux patienter, la durée du temps détruit tout.

Mous na bé di o dianab.

Il est rusé comme un chat.

Fou nag nek, bouki defa.

Où sont les bœufs, là meurt le loup.

Tbou tia, nama tia, kou la tia yoné nga gaou adem.

Si tu es décidé à aller dans un endroit, lorsqu'on t'y envoie tu n'iras que plus vite.

Mbarrana mo nata sa bop te diekou tia, bou ko nata tii sa bop'u naoulé.

Si le bonnet que tu essayes à ta tête ne t'est pas convenable, ne le mesure pas sur la tête de ton semblable.

Navet, bou diké, di taou i kral, bou ko nemen.

Si la saison des pluies arrive et qu'il pleuve des charbons allumés, ne les brave pas.

Lou ouay giro'k yov, di la may, mou fal ko batia ndap la ngen boka ?

Si un homme s'empare de la nourriture pour te la donner ensuite, ne ferait-il pas mieux de la laisser dans le plat où vous mangiez ensemble ?

Lou guy reyrey, gif a di ndey am.

Quelque grand que soit le baobab, il a un pépin pour mère.

Fou sindarr di yabé ndo-bin, garap a fa diegen.

Où le lézard se moque du dindon sauvage, il y a un arbre tout près.

Niete i lonka ben de tia faklara lounk'ou digem, long'ou bour fari, ak lorm k'ou diiné.

Fo rayal; yone fa sa alal, bo démé niomé fa.

Lou gan sonal sonal dina nioubi.

Kou olou yalla, dinaga ver.

Lou bouki om-a-om, men na bere'k bey.

Omat ganar hadou ko ko gen.

Kou vor koula doul or, yalla vor la.

Kou réré pana, bo opéfendé.

Khrol bayi, genaou lola nga esen sa pot.

Poud ou neg dé na khrerr, ak taou té borom neg yegou ko.

Lou di nar te dou tag mouck? — Ngelav.

Lou am gen, te dou ko yengal? — Koudou.

Lou di as, té dou nen? — Gen.

Lou fiira kou né yalla, leta ma? — Ron.

Diek la seu, te menti la gan, lou mo don? — Coud ab neg.

Loudi tak te dou fey? — Ver na.

Il y a trois attaches difficiles à rompre : l'attache d'une femme, l'attache d'un grand roi et l'attache d'un génie.

Crains-tu un lieu, envoie-y tes biens; lorsque tu t'y seras rendu, tu auras le courage d'y rester.

Quelque ennuyeux que soit un hôte, il finira par retourner chez lui.

Celui qui se confie en Dieu réussira.

Quelque maigre que soit le loup, il peut lutter avec une chèvre.

Il vaut mieux porter une poule que de la conduire avec une ficelle.

Celui qui trahit celui qui ne le trahit pas, sera trahi par Dieu.

Qui soupe avec les restants du dîner de la veille, ne soupera pas quand il sera malade.

Celui qui regarde un objet avec attention et le laisse, s'en va en se grattant la hanche comme un homme qui ne peut avoir ce qu'il convoitait.

Le sommet de la case se bat avec la pluie sans que le maître en ressente rien.

Qu'est-ce qui vole sans jamais se reposer? — Le vent.

Qu'est-ce qui a une queue et ne la remue pas? — Une cuiller.

Qui est-ce qui niche et ne pond pas? — Un mortier.

Quelle est la chose échevelée qui dit à Dieu : Tresse-moi les cheveux? — Le rondier.

Il te voit le premier et ne peut te recevoir, qu'est-ce? — Le faîte de la case.

Qu'est-ce qui s'allume et ne s'éteint pas? — La lune.

TABLE

26862. — Tours, impr. Mame.

OUVRAGES DE LA MÊME COLLECTION
FORMAT IN-8° — 3° SÉRIE